松下幸之助に学んだ

「人が育つ会社」のつくり方

青木仁志
Satoshi Aoki

PHP

はじめに

長年、能力開発のスペシャリストとして、研修をとおして数多くの経営者の願望実現のサポートをしてきましたが、成功に必要な最も大切なものは何かと尋ねられれば、私は迷わずそれは、経営者自身の健全なものの見方、考え方だと答えます。

松下幸之助翁は「素直な心と衆智を集めることを大切にせよ」と書物の中で教えてくださっています。

素直な心は人を聡明にし、強くする。そして衆智を集めることによって正しい判断ができる経営者になれるとおっしゃっています。

私は経営者というものは、事業の経営者である前に、まずひとりの人間としてまともな生き方のできる人間である必要があると考えています。

そうでなければ長期的に繁栄し続け、事業を継続することはできないと思います。

いい換えると、少し厳しいいい方ですが、「いい加減な個人に立派な組織をつくることはできない」ということです。

なぜならば、経営者の決断や判断は個としての経営者自身の長年培った価値観と信念から行なわれ、そこから生まれる行動が結果をつくり出しているからです。

世界のベストセラーの聖書には成功の黄金律が記されていますが、それは「何事でも人びとからしてほしいと望むとおりのことを他の人びとにもそのようにしなさい」というマタイ伝七章一二節の言葉です。

私はこの命令を守り、いついかなるときも社員やお客様や社会でともに暮らすすべての人々と共生、共創できる願望をもち実践しているだけです。これが秘訣です。自分が豊かになりたければ周りを豊かにすることを考えなさい、自分が成功したければ周りを成功させることを実行しなさいということです。

松下幸之助翁は地上最強の偉大な商人でした。この成功の黄金律を見事に経営分野で実践された方です。

私が松下幸之助翁の残された書籍から学んだことは計り知れませんが、今回のテーマである「人が育つ経営」を行なうためには、経営者自身が縁ある人を幸せにできる良い経営理念と経営目標をもつことが必須です。

社員とその家族を物心ともに豊かにする、顧客やお取引先、株主や地域社会に貢献していこうという志《こころざし》です。

その思いに社員は結束し、皆が心を一つにして事業に打ちこむとき、人が育つすばらしい組織環境ができ上がります。

私は貧しい家庭環境に育ち、早く社会に出ましたが、多くのすばらしい諸先輩、仲間、社員のおかげで今日を迎えることができました。

今までのすべてのことに感謝しています。

今回ＰＨＰ研究所の渡邊祐介さんをはじめすばらしいスタッフの方々のご協力をいただき、新著を出すことができて心から感謝しております。

松下幸之助翁は「企業の経営も個々人の人生も、何が正しいかということが基盤にあってこそ、よりよい姿において力強く進めていくことができる」とおっしゃっておられます。

私は、この言葉は時代を超えて通用する真理だと思います。十七歳で溶接工見習いとして社会の一歩を踏み出した私が、今回こうして五〇冊目の記念すべき書を、この世で最も尊敬する偉大な経営者である松下幸之助翁が創設されたＰＨＰ研究所から発刊させていただく機会が与えられたことは感謝にたえません。

是非、一人でも多くの経営者が、経営資源の中で最も大切な存在である縁ある人を幸せにすることを目的に事業を営み、その結果、繁栄を手に入れ、日本国家の平和と社会に生きる人々の幸福に貢献してくださることを心から祈っております。

最後になりますが、今私があるのは妻である宏子のおかげです。

そして多くの諸先輩、協力者、弊社のサービスを活用してくださった何十何万人というお客様、国家を支えてくださっている公務員の方々、アチーブメントグループの全社員のおかげです。

重ねて松下幸之助翁、ＰＨＰ研究所の全スタッフの方々にこの場を借りて感謝を申し上げたいと思います。

ありがとうございました。

二〇一六年十月二十七日

出張先のホテルにて

青木仁志

松下幸之助に学んだ
「人が育つ会社」のつくり方

目次

はじめに　1

『「人が育つ会社」のつくり方』の鉄則　11

プロローグ
こんな私でも経営者になれた！

不遇のなかからだって人は成功できる　18／経営者にとってのゆるぎない指針　21
「人が育つ会社」にするために　23

第1章
育ち育てられのビジネス戦記

1 故郷からの逃避……31

恵まれない境遇が成功の要因　31／両親との葛藤、そして家出　34
「この世に存在していいんだ」　37／あこがれの経営者から商売のイロハを学ぶ　39

2 セールスの世界で育つこと……42

初めての起業、そして挫折　42／フルコミッション・セールスの世界へ　45
身につけたセールスの「マインド」「ノウハウ」「スキル」　48
『素直な心になるために』との出合い　50

私心ではなく、真理からものごとを見る　53／人材育成の拠り所を得る　56

3
人生の転機……58

懺悔《ざんげ》と祈り　58／価値観の転換　61／セールスから人材教育へ　64

4
アチーブメントの黎明期……67

選択理論との出合い　67／タイムマネジメント研修をはじめる　71
『横綱千代の富士・頂点への道』を制作　73／在庫の山からヒット商品を生む　76

5
人材教育に命を懸ける……78

社員に求める基準を下げない　78／日々の思考管理、行動管理が夢実現のカギ　80
つねに高みをめざす　81／すべてをさらけ出して採用する　83
本気で社員の幸せを願っているか　85

6
アチーブメントのこれから……88

経営者教育の実践　88／出版事業への取り組み　90／人と未来を幸せにする経営　92

第2章 人が育つ経営は幸之助哲学にあり

1 「人材のダム」「時間のダム」「資金のダム」▼▼私のダム経営……98

「人材のダム」をつくる 98／「理念への共感」が採用の前提条件 100

人材は資本（キャピタル）である 104／時間管理がダムを生み出す 106

資金にも「ダム」を 112／ダム経営をする決意 114

2 理と利を統合する▼▼私の適正経営……118

自分の器を知る 118／働きすぎない 121／「利」の優先が経営を苦しめる 125

「理」を貫いた先に「利」が得られる 128

3 商品を購入していただいたあとの責任▼▼私のお客様大事の経営……131

お客様を絶対に裏切ってはいけない 131／売ってからセールスははじまる 135

「心」で売るのがセールス 139／「商材」ではなく商品の「中身」を売る 141

未来のお客様への貢献 144

4 組織のビジョンと個人の目標を一致させる▼▼私の自主責任経営……146

結果を出してこその責任 146／組織と個人の「WIN-WIN（ウィン・ウィン）」の関係 149

上質の仕事は自主責任経営から　152

5 内的コントロールで働く社員に育てる▼▼▼私の人材育成……156

「外的コントロール」が社員のパフォーマンスを低下させる　156
「内的コントロール」がよい職場風土をつくる　159
「求める心」が人を成長させる　162／ものをつくる前に人をつくる　164

6 トリプル・ウィン志向をめざす▼▼▼私の共存共栄の経営……167

共存共栄は「天地自然の理法」　167／「トリプル・ウィン」の関係構築　169
「共創」の時代　172

第3章 人が育つ会社の経営者像とは

1 事業観をもつ……177

等身大の自分で勝負する　177／経験の蓄積と普遍的な原理原則　179

2 使命感をもつ……182

何のためにレンガを積むのか　182／選択理論を広め、人びとを幸せにするのが使命　184

3 カン(経営的識見)を養う……187
経営には〝カン〟が必要 187／願望のど真ん中に経営があるか 189
4 先見性をもつ……192
ゴールを明確にする 192／幅広い人脈とネットワークをもつ 194
5 決断力をもつ……197
正しい決断は正しい経営理念から 197／大型案件を断る 199
6 感謝の心をもつ……202
経営者である前に人間である 202／「恩返し」の経営 204
7 長期的視点でものごとを見る……207
好不況の波に振り回されない 207／しくみをつくることが経営者の仕事 210
人の成長あってこその事業 213
エピローグ 幸之助さんが遺した「無形の資産」
真の豊かさは「無形の資産」から生まれる 218／私心なき「まごころ」が道をひらく 220

『「人が育つ会社」のつくり方』の鉄則

発見①

どんな人にでも
成功の扉は
ひらかれている

発見②

自己不全の
状態にあれば、
みずから
決別する行動をとる

発見③

自分の存在を
喜んでいる人が
いることを信じる

発見④

情報を受け容れる
感性をもつ

発見⑤

みずから学び、
成果を
予測・計画すること

発見⑥

環境が変われば
すべてが変わる

発見⑦

人が育つ
ポイントは
「マインド」の
確立から

発見⑧

解決のヒントは
必ず目の前に
現れる

発見⑨

どちらが
正しいかではない、
何が正しいかを
考える

発見⑩

人を見るのには、
本質的、長期的、
客観的を
志向しなければ
ならない

発見⑪

人は生き方を
見直すときがある

発見⑫

自分だけの幸せに
固執していては
ならない

発見⑬

人が成長するまで
見届けるのが
私の道

発見⑭

人は
外的コントロールに
よって動かされる
のを嫌う

発見⑮

自分のスキルを
他のスキルとの
コラボレーションに
生かす

発見⑯

人はみずから
変化させることに
より道をひらく

発見⑰

売れなかった
からこそ、
新しい商品開発が
できた

発見⑱

求める人材像には
こだわらなければ
ならない

発見⑲

目標と計画と
実践のくり返しが
成功への道

発見⑳

逆境のなかでの
成長が、
共感と支持を
得られる

発見㉑

人間は
条件ではなく、
やりがいで仕事を
選ぶと信じる

発見㉒

教育は、
育ててもらえること
への感謝の心を
育むことから

発見㉓

経営者教育は
幸福な社会の
実現のために
必要なのだ

発見㉔

人がよい情報に
出合えるための
事業が必要

発見㉕

人を
外的コントロールから
内的コントロールへ
変えるのが
私たちの仕事

手法①

人材教育企業での
ダム経営の第一は
「人材のダム」づくり
にある

手法②

採用は「数」ではなく
「質」であり、
「徳」と「才」に
こだわる

手法③

新人はまず
働く意義を理解する
ことによって、
真のスタートを
切れる

手法④

「事前対応」が
「時間のダム」を
つくる

手法⑤

事前対応が
「時間のダム」となり、
それが
「資金のダム」に
つながる

手法⑥

「人材のダム」づくり
の前提といえるのは、
経営者の志で
あると心得る

手法⑦

自社の実力を
超えることをしては
ならないように
自社観照をする

手法⑧

経営者の価値観を
反映した自社の
原理原則を
貫き通す

手法⑨

行き詰まる
きっかけは
自然の理法から
離れてしまう
（利に走らない）

手法⑩

「B to B」でも
「B to C」でもなく、
「B to F
（Business to Fan）」

手法⑪

お客様に
甘えてはならない。
支持され続ける
努力が不可欠

手法⑫

一回のセールスで
一生の協力者を
つくること

手法⑬

セールス担当者が
商品の価値を
熟知し、
心から惚れこむ
ほどにさせる

手法⑭

商品を売って
終わりではなく、
お客様の目標が
達成されるまで

手法⑮

値段に
こめられている
価値を考え、
目先の利益に
とらわれてはならない

条件①
自分の強みを
育てながら、
事業観をもつこと

条件②
原理原則の実践と
お客様への
徹底した還元を
はかる

条件③
自分のなかに
確かな使命感を
もつ

条件④
自分の使命に
つながる
知識(スキル)を
もつこと

条件⑤
経験に基づく
識見を
確かなものに
すること

手法㉑
理念、ビジョン、
目標が現実の
社員の力に
結びついているか
を検証する

手法㉒
最後は
経営者の人材への
思いが浸透度を
決める

手法㉓
企業は
社会の公器である
との見解を示す

手法㉔
お客様、社員、
会社の三者が
ともにハッピーになる
経営判断を
志向する

手法㉕
「競争」から
「共創」による
「共存共栄」へ

手法⑯
社員の
内発的動機を
高める教育をする

手法⑰
組織として
理念を示し、
個人はその理念に
共感して
自己実現を達成する

手法⑱
フルコミッションの
感覚を
組織に徹底させる

手法⑲
自分なりに、
よるべき人間観
(選択理論)に立って
人材を考える

手法⑳
外的コントロール
ではなく、
内発的動機を
与えるしくみを
つくる

条件⑥

自分に
忠実になって
経営への素質を
確かめる

条件⑦

ゴールを
明確にして
情報への感度を
上げる

条件⑧

真理に対して
誠実で、
謙虚な姿勢で
いられること

条件⑨

自分のすべてに
通じた決断の
拠り所としての
経営理念をもつ

条件⑩

自分の価値観に
合わないものには
同意しないこと

条件⑪

感謝の心を第一に
人生の
勝利者になる

条件⑫

人と競争する
というスタンスを
とらない

条件⑬

自分は自分、
他人は他人。
自分の座標軸で
考える

条件⑭

部下に責任を
押しつけず、
解決できる
システムをつくる

条件⑮

地道に人を
育てていくこと。
すぐに育つと
考えてはならない

プロローグ

こんな私でも経営者になれた！

❖不遇のなかからだって人は成功できる

「あなたが最も尊敬する経営者はだれですか?」

経営者同士の会話の中でよく尋ねられる質問の一つです。そんなとき、私は躊躇《ちゅうちょ》なく、

「松下幸之助さんです」

と答えています。

なぜ幸之助さんの生い立ちに関心を持つのか? その理由は簡単です。

書物を通してはじめて松下幸之助という人に接したとき、私はその生い立ちに大変感銘を受けました。和歌山の裕福な家に生まれながら、幼少のころに父親が米相場で失敗し、一家は没落。幸之助さんは小学校を中退して一人で大阪へ丁稚奉公に出ることになります。七人いた兄姉とご両親は次々と病で亡くなり、若くして天涯孤独になります。つまり、幸之助さんの成功は、経済的にも家庭的にも大変厳しい逆境をはねのけたうえで達成されたものです。そして、**私が幸之助さんに興味を抱いたのは、私もまた幼少時代から青年期にかけて、必ずしも恵まれた経済環境、家庭環境にはなかったからです。**

もちろん、時代もちがえば家庭の事情も異なりますが、私も北海道の貧しい家庭に生まれ育ち、幼いころ両親が離婚したことから家庭的なぬくもりを味わえない孤独な日々を過ごしました。やりきれない思いをぶつけるところもなく、どうしてもこの灰色の世界から抜け出したいという一心で、十七歳のとき単身上京。実社会に飛び込んだのでした。そうしたなかでのビジネスの修業の日々。それは同じとはいえませんが、幸之助さんの修業時代に重なるものです。

こんな不利な状況のなかで、自分はどこまでの成功をめざせるのか？　たくさんの成功哲学や自己啓発書を読みあさりました。そのなかに、松下幸之助さんの本があったのです。松下さんの経歴は、今さらご紹介するまでもないでしょう。九歳のころから大阪・船場に丁稚奉公に出され、二十二歳で独立して一代で松下電器産業（現パナソニック）という日本を代表するエレクトロニクス企業を築き上げられた立志伝中の人物。「経営の神様」とも呼ばれ、多くの経営者、ビジネスマンのみならず、老若男女幅広い人びとから尊敬されています。幸之助さんの著書に出合い、過酷な境遇から腕一本で身を立て、世界に冠たる松下電器を育て上げる成功物語に、私は心を奪われます。そして、**松下さんの事業を成功へと導いた考え方や方策は、人としてどう生きることが真の幸せであるか、人間と**

してどうあることが社会の発展に寄与することになるのかという崇高な「人間観」に裏打ちされていることを知るのです。

幸之助さんが考える「成功」とは、一代で大企業を築いたとか、日本一の資産家になったなどという表面的なことではありません。一人ひとりが人間として偉大な存在であり、みずからの内には自分にしかない可能性が内在しているのであり、その能力を開花させ、建設的に生かし、世の中に貢献的に発揮していくことこそ、ほんとうの意味での成功にほかならないのです。

こうした考え方を知ったことと、知らずにいたことを想像すると、私はその運命にただただ感謝せずにはおれません。もしも幸之助さんの考え方を知らずに突き進んでいたら、私はもっと他人よりただただ利得に先んじることに注意を払って、誤ったビジネス修業をしていたかもしれません。

私は、人との出会いに恵まれました。多くの方々のあたたかいサポート、ときには厳しい忠告やご指導もいただきながら、私は次第に世の中への信頼を深めていくことができました。そして、「ビジネスの世界では学歴も出自も関係ない、みずからの努力と工夫次第で成功への階段を上ることができるんだ」と知り、「仕事を通して成功したい」「成功して、幸せであたたかい家庭をつくりたい」という願望をもつようになりました。

こうした思いにしても、読むたびに、幸之助さんの人間観とともに、「世間は正しい」という世相観に自然に染まっていたからかもしれません。

❖経営者にとってのゆるぎない指針

私は長くセールスの世界でビジネスキャリアを積み上げました。やがて、能力開発の仕事に携わるようになります。「選択理論」という事業の柱に成りうる学説と出合うことができ、それを基軸として、一九八七年、三十二歳のときに人材教育コンサルティング会社「アチーブメント」を創業することができました。以来、セミナーや教育を通して人の成長を促進し、個人と組織の目標達成を支援し続けています。

おかげさまで、アチーブメントはこれまでの二十九年間で、受講者数はトータル三四万人以上、六〇〇社以上の企業コンサルティングを行なってきました。なかでも、当社の歩みとともに練り上げられた目標達成プログラム「頂点への道」は、新規受講生三万人以上、リピート（再受講）を含めると受講生数は八万人以上にのぼります。

創業二十年で売上一〇億円、経常利益二億円を突破。創業三十年を目前にした二九期には売上二九億円、経常利益五億円を達成したこと。もちろん、松下さんの会社とは業種が異なりますから、スケールとしてはまったく及びませんが、何も資産らしい資産をもっていなかった私が経営者となり、長らく逆風の中にある研修業界においては、群を抜く成長を示すことができたのは、松下幸之助さんの叡智《えいち》に学び、その考え方を一つの拠《よ》り所にしてきたからにほかなりません。

幸之助さんの経営観・事業観は、規模の大小を問わず企業経営者にゆるぎない指針を与えてくれます。私もまた、アチーブメントの経営において、さまざまな課題に直面したり、困難に遭遇したりしてきました。そのつど、**私は自分の判断を松下幸之助さんの考え方と照らし合わせることにより、「やはりこの判断が正しいのだ」と確信をもって臨むことができました。**

当社が長らく続いた不況下でも力強く前進できたのは、ほかの経営者と同様、判断の拠り所を教えてもらったことに尽きるといってよいでしょう。

❖「人が育つ会社」にするために

本書は、私自身が松下幸之助さんの教えにふれ、いかに会社をつくり、いかに育ててきたかを伝えるために筆を執ったものです。冒頭で申し上げたとおり、私自身、会社を起こすというううえでも何も条件がそろっていない人間でした。

それが一人の企業家を知ることによって変わったのです。幸之助さんは身体が弱く、貧しく、無学に近い境遇の人物でした。普通ならそれは「失敗の三大要因」になるはずです。ところが、幸之助さんはそれらを「成功の三大要因」に変えたのです。私はそのすごさをできるだけ多くの方に伝えたくて、そのために自分自身の経験を率直にお話ししてみたいと思っています。

私が幸之助さんを参考に、いかにして会社をつくったかというお話です。

さて、松下幸之助さんが、経営において最も大切にされたこと――それは「経営理念」であることをあらかじめ申し上げておきます。

企業経営の目的は、教科書的には「利潤の追求」にあるとされています。企業にとって利潤が重要であることはいうまでもありません。利潤を上げられなければ、企業は存続を許されなくなります。

ただ、利潤を上げさえすれば企業はその目的を達するのかといえば、私はそうは考えません。利潤とはあくまでも経営の結果であり、それ以前にまず、それぞれの企業には果たすべき役割、到達すべき理想像があります。それを示すものが「経営理念」です。

経営理念こそ、会社の存在理由であり、事業を行なう根本的な動機です。企業活動の土台は経営理念にあり、理念に基づいてすべての企業活動は出発するのです。

経営理念が単なるきれいごと、額に入れられた飾り物であっては意味がありません。経営理念を血の通ったものにするためには、実際に事業推進の当事者である一人ひとりの社員の心の中に、その理念が生きている必要があります。幸之助さんはその点を最も重視していました。

本書を通じて、この点を強調しておきたいと思っています。

ただ、会社をいかにつくるか、それには経営理念が大切、それだけを軸にするつもりはありません。本書の書名は、『「人が育つ会社」のつくり方』としました。そこには、少しアチーブメントの現場を通じてのこだわりを表現しています。

　ここでの「人が育つ会社」には二つの意味がこめられています。**一つは、文字通り、人材開発をドメインとしている会社ならではの、つまり仕事として「人を育てる」会社をいかにすればうまく運営できるか。過去の失敗も含め、その創意工夫をお伝えしよう**という意味です。

　もう一つは、現実にただ会社をつくるというのではなく、「よい会社」をつくるという意味で、「人が育つ会社」でなくてはならない。その意味で、**うまく「人を育てる会社」もしくは、結果として「人が育つ会社」とはどういう会社なのか、その原点を考えてみたい**ということです。

　先ほど「経営理念が社員の心の中に生きているか」と述べました。けれども、世の中には立派な経営理念を掲げているにもかかわらず、その実、内容が伴っていない会社が山とあるのが現実です。いくら立派な経営理念を掲げていても、社員が理念のために極端な管理や節制を強いられ、犠牲になるようなことではいけないと考えます。社員の自己実現と企業の経営理念が一致したとき、その企業の発展は本物になるのです。個人のめざす方向と会社がめざすビジョンをいかに合致させるか。「人が育つ会社」とはそれができている会社という意味で、アチーブメントで実践している私なりの手法や考え方をお伝えするつもりです。

「事業は人なり」とおっしゃった松下幸之助さんは、徹底して「人を大切にする経営」を実践してこられました。「松下電器はものをつくる前に人をつくる会社である」ともおっしゃいました。松下電器が世界的企業に発展した背景には、何よりも人づくりを重視してこられた松下さんの姿勢がありました。そして、松下さんのおっしゃる「人づくり」とは、「経営理念を体現する人材を育てること」にほかなりません。ですから、「人が育つ会社」こそ、より幸之助さんの哲学に徹したレベルの会社なのです。アチーブメントがどこまでできているのかわかりません。ただ、本書で読者の皆さんにお伝えすることで、さらなる精進につながっていくと思っています。

あらためて感じるのは、松下幸之助さんの人間観は、能力開発の視点から見ても非常に示唆に富んだものだということです。**多くの研修を開発・実施するに際して、私は、幸之助さんの考え方には、世界の成功哲学の数々と多くの共通点があることに驚くとともに、それらが触れていない独自の観点があることにも感銘を受けました。**その点についても、本書内で考えてみたいと思います。

この本は、アチーブメントの経営者として歩んできた私が、いかに松下さんから学び、その学びを「人が育つ」方向に向け、経営に生かしてきたかについて綴《つづ》ったものです。以下、各章の位置づけを申し上げておきます。

第1章は、私の生い立ちとアチーブメントを創業し現代に至るまでの経緯、そして経営的・人生的なターニングポイントとなった出来事などを綴りました。青木仁志《さとし》という経営者がどんな人間であるか、まずは知っていただくためにお読みいただければ幸いです。人についての考え方がどのようであったかを読みとってくだされればと思います。

第2章では、松下幸之助さんの経営哲学のキーワードを取り上げます。そこで現代の経営者が学ぶべき視点や、私自身が「人が育つ」会社経営にどう応用してきたかについて述べました。

第3章では、多くの経営者・受講生と接してきた私の経験から、成功する経営者の条件について、松下さんの考え方をふまえながら考察しました。「人を育てられる」経営者の本質もあわせて考えました。

本書の前提にあるのは、松下幸之助さんの経営哲学の普遍性です。業種業界を問わず、そこにはいつの時代であっても変わらぬ経営の原理原則があります。それは、仕事や会社経営という枠を超えて、人間としてどう生きるかという叡智にまでつながっています。

本書によって、幸之助さんの考え方に少しでもふれていただき、自社の経営に生かしていただくとともに、みずからの人生そのものをより豊かで幸せなものにしてくださることを願ってやみません。

第1章

育ち育てられのビジネス戦記

お金もなく、学歴もなく、家庭的なぬくもりにも恵まれなかった私が、トップセールスマンになり、その後アチーブメントを創業します。そこに至るまでには、いくつもの突破すべき壁、克服すべき課題がありました。それを乗り越えられたのは人との出会い、書物との出合いがあったから。人に育てられ、そして人を育てて現在に至る足取りをたどります。

1　故郷からの逃避

❖恵まれない境遇が成功の要因

松下幸之助さんは、ご自身が成功した理由を尋ねられたとき、次の三つの要因を挙げられたといいます。

1　貧しかったこと
2　学歴がなかったこと
3　身体が弱かったこと

普通に考えれば、この三つは成功の妨《さまた》げになると思われたとしても、これらのおかげで成功したとはなかなかいえることではありません。ところが、松下さんは一般的には不利だと思われるような要因が、むしろ自分にとってはよかったと発想されるのです。

貧しかったからこそ、一所懸命働こうとしたし、わずかな給料でも感謝できた。学歴がないからこそ、ほかの人に素直に教えを乞うことができた。そして、**身体が弱かったからこそ、人を育て、人に任せることができるようになった、と。**

まだ二十歳そこそこの若いころ、幸之助さんのこの話を知って、私は勇気一〇〇倍でした。というのは、私もまたお金もない、学問もない、あたたかい家庭もない、という「ないないづくし」の環境から人生がスタートしていたからです。幸之助さんとのちがいは、三番目の「身体が弱かったこと」です。私は健康には恵まれていて、還暦を超えた現在に至るまで、病気らしい病気はほとんどしたことがありません。

「自分よりももっと厳しい境遇にもかかわらず、あれほどの大成功を収めた人がいるんだ」

そう思うと、自分にもこれから先、無限の可能性が広がっているように感じました。と同時に、私は「人生とは、ものごとをどう見るかによって、大きく変わるのではないか」ということに気づきはじめます。

幸之助さんは、一般的には不幸とみられるものごと（貧しいこと、学歴がないこと、身体が弱いこと）でも、けっして不幸とは考えておられません。お金がない、学歴がない、健康な身体がない、といった「自分がもたないもの」に目を向けるのではなく、「では、それを前提に、そこから自分はどうするのか」といった、未来に目を向ける視点があります。同じものごとを見て、**ある人は「だから自分は不幸なんだ」と考え、ある人は「だから自分はこうしよう」と考える。この積み重ねが、やがて成功する人としない人との大きな差になるのではないかと私は思いました。**

私は自分にも成功への扉がひらかれていることを知りました。そして、「なんとしても成功したい」と思いました。「成功して、幸せであたたかい家庭をもちたい」と強く願いました。なぜなら、私の幼少時代は、冷たく暗い思い出で満ちていたからです。

発見①　どんな人にでも成功の扉はひらかれている

❖両親との葛藤、そして家出

一九五五年、私は北海道函館市に生まれました。三歳のときに両親が離婚し、父親は再婚。私は父と義理の母のもとで育ちました。

世の中は高度経済成長期に入っていましたが、わが家の暮らし向きは豊かとはほど遠く洗濯するにもまだ洗濯機を使えず、冬でも盥《たらい》に水をためて手で洗っていました。私はそれをやらされるのがつらくて、割り箸を使って洗濯物をぐるぐる回していたのです。「こうすれば、洗濯機と同じだ」と。

苦しい生活のなか、義母は義母で私のことを一所懸命育てようとしてくれたのだと思います。「たとえ血のつながりはなくとも、〝親〟としての責任を果たさなければ」という気持ちだったのだと思います。ただ、当時の私に義母の気持ちを受け止める余裕はありませんでした。でも今にして思います。**今の自分があるのはこの義理の母の厳しいしつけがあったからです。義理の母は気配り、思いやり、そして感性を磨いてくれました。**「人を大切にする経営」が私の経営の土台にあります。その原点は義母との関わりの中で育ったのだと思います。しかし、残念ながら当時は、時に厳しくなるしつけに対して、私は次第に反抗的な態度をとるようになったのでした。

さて、小学校は、父の仕事やその他さまざまな事情で転校をくり返し、一時的には、東京に出ていた実母のもとから都区内の学校に通ったこともありました。その後、再び父親に引き取られ、当時暮らしていた札幌に戻り、中学校に入学します。私は「中学を卒業したら働こう。義務教育は中学までなんだから」と考えていました。それほど家から離れたかったのです。

しかし、父は高校に行くよう私を説得して、結局私は札幌にあった私立高校に入ることになります。今から思えば、これも父の愛でした。ところが私はそれを理解しませんでした。一年で札幌の家を飛び出し、実母のいる東京をめざします。このと

私には家族旅行の記憶が２回しかありません。この写真はそのうちの１回で、小学校高学年のころ、登別に行ったとき、父と妹と３人で撮ったもの

きは、函館で家出少年であることがわかってしまい、父が迎えに来て札幌に連れ戻されたのでした。

その後、私は折り合いの悪い実家には戻らず、祖父の家で暮らすことになります。**いつも心の中に不条理を抱え、どこへ行ってもだれと会っても、身の置き所がないような不全感が残りました。**

「こんなところにいても、どうにもならない。一刻も早く、自分の力で生きていけるようになりたい！」

そんな気持ちが高じて、ふたたび私はなけなしのお金と身のまわりの物だけを詰めたかばんを持って家を出ます。そして、函館港から青函《せいかん》連絡船に乗りました。一年前には渡れなかった津軽海峡を、とうとう越えることができたのです。

港を離れるときの汽笛の音は、家庭に対する反発心や世の中に対する理不尽さや自分自身への苛立ちなどがないまぜになった、長くて暗い少年時代との決別の合図でした。同時にそれは、未来がまったく見通せない不安な心に鳴り響く霧笛《むてき》でもありました。

発見②　自己不全の状態にあれば、みずから決別する行動をとる

❖「この世に存在していいんだ」

青森駅で夜行列車の一番安い切符を買い、ひと晩かけて上野駅に到着。最初に頼ったのは友人のお兄さんでした。その方の紹介で、八王子の鉄工所に住み込みで就職します。履歴書のいらない職場でした。私の職業人生は、溶接工見習いからスタートしたのです。

その年の夏のある日、部屋に戻ってみると、見たことのある人の背中がありました。その人は振り返ると、言いました。

「仁志！　ほんとうに仁志かい⁉」

実母でした。

この瞬間、私は自分の中で何かが解けていくのを感じました。

「この世には、自分を愛してくれる人がいる！　自分はこの世の中で、生きていってもいいんだ！」

母は、私が祖父に宛てて出したハガキの消印を手がかりに、息子の写真を片手に八王子近辺を半年近く捜し歩いてくれたのです。

私の首元や腕にやけどの跡があるのを見ると、

「おまえにはほんとうに苦労をかけたね」

と言ってくれました。今のような安全衛生の意識がある時代ではありませんから、溶接の仕事で多少やけどをするのは当たり前だったのでしょう。それにしても、私は苦労をしたのかもしれませんが、私を育ててくれた親の愛には恵まれていたと思います。

ほどなくして、私は八王子の鉄工所を辞め、母の住む東中野のアパートに引っ越します。しばらくは歌舞伎町の喫茶店や新橋のバーでアルバイトをしていましたが、やがて母といっしょに御徒町《おかちまち》で喫茶店をはじめることになりました。これが、私に〝運命の出会い〟をもたらすことになります。

発見③　自分の存在を喜んでいる人がいることを信じる

❖あこがれの経営者から商売のイロハを学ぶ

あるとき、喫茶店の割り箸の在庫がなくなったので、業者さんに注文しました。そのとき、高級アメリカ車のキャデラックに乗って割り箸を届けに来た人が、社長の今津安博さんでした。ふだんは社員が届けに来るのですが、その日はその方が休みだったので今津さんが直々に届けに来られたのでした。その華やかで颯爽《さっそう》とした姿に、私はひと目で魅了されてしまいました。

私は早速、母に「今津さんのところで修業したい」と申し出て、今津さんの会社で働くことになったのでした。

今津さんの会社は、高級日用品や輸入雑貨を扱う小さな商社でした。私の仕事は、今津さんのかばんもちから始まりました。輸入品は香港から仕入れていましたから、香港にも何度も同行させてもらったものです。販売は主に紹介による訪問販売で、飲食店や芸能関係、不動産関係など、各自が自分の人脈を辿って売り歩いていました。私はここで、仕入れから販売まで、ひと通りの商売の基本を叩きこまれることになります。

私は今津さんにあこがれて入社したので、とにかく今津さんのいうことは何でも聞き、何でも今津さんのまねをしようと思っていました。昼食に入ったお店で今津さんがハンバーグライスを頼めば、「じゃあ、僕も同じもので」と注文しようとしました。すると今津さんに叱られました。

「同じものって、おまえね、社長と同じものを食べるなんて百年早いんだよ。目上の人間といっしょに食べるときは、ワンランク下のものを注文する。これが筋っていうものだ」

細かな箸の上げ下ろしまで、今津さんにはみっちりと教えられました。「給料はもらうものではなく、稼ぐもの」というのが今津さんのモットーです。給料は歩合給でした。

私は母親に知人を紹介してもらって毛皮を売るなどし、そこそこの歩合給を稼ぎました。会社としてもよく儲かっていたようです。しかし、儲かりすぎると、いろいろとギクシャクすることが出てくるようで、今津さんともう一人の共同経営者の折り合いが悪くなり、今津さんが会社を去ることになったのです。

私は今津さんについていくつもりでしたが、今津さんからは「仁志、おまえは自分でやってみろ」といわれました。今津さんに後押しされて、私は独立を決心しました。

この今津さんとの出会いは本当に私の財産であったと思います。というのは、自慢できることではありませんが、とても染まりやすいというのが私の個性なのです。本を読んでこれいいなあと思うとすぐに実行する。また他人からアドバイスをもらうとすぐにやる。情報に接してよいと判断すれば即取り入れ行動するわけです。

その点、私のビジネス人生の初期で今津さんという商売の達人に会うことができ、商売の基本を教えてもらえたことは、何にも勝る幸運だったといえます。「人が育つ会社」を考えるときにはやはり、人の見本となる存在がいるかどうかが重要だといえるでしょう。またそんな人がいたら学ぼうとする感性を備えていなければいけないと思うのです。

発見④　情報を受け容れる感性をもつ

2 セールスの世界で育つこと

❖初めての起業、そして挫折

今津さんの会社を辞した私は、これまでと同じ宝飾品や高級雑貨を扱う会社「有限会社ジュエリーワールドエンタープライズ」を設立し、初めて自分の力で商売の世界へと踏み出しました。

ところが、結果は散々なものでした。売ることは売るのですが、代金の回収で行き詰まりました。売掛金が大きくなると管理ができず、焦げ付く案件が続出したのです。私にあったのは営業力だけで、資金繰りのノウハウがなくキャッシュが回らなくなりました。キャッシュがないと仕入れもできません。そこで高利の町金融や消費者金融にまで手を出す始末です。

こうして多額の借金を抱えるようになり、もはや会社を続けることはできないと判断して廃業しました。営業と経営とはちがう。いくら売れても管理ができなければ事業は成り立たないという経営の厳しさを嫌というほど思い知らされました。

「無知はコストだ」という学びでした。私には、自分で事業を切り盛りするだけの知識が欠けていたのです。**無知であることは、本来しなくてもよい苦労をしなければならなくなる**、ということです。

経営者には勉強が必要です。勉強熱心な経営者には、多少の失敗があっても道がひらけてくるものです。反対に、勉強しない経営者には、いつか限界が来ます。なぜなら、勉強しないので、知識がない、情報がない。そこを突かれるような問題が発生すると、突破していけないからです。

よく「若いときの苦労は買ってでもせよ」といわれます。買ってまでするものかどうかはともかく、私自身にとって、この若いときの苦労が後々の人生にまで大きく影響を及ぼしていることは事実です。

それまでの私は、自分なりに努力はしていましたが、無知で力量がありませんでした。

したがって事業の予測を立てても、ことごとく予測のとおりにならない。知識がないからあちこちに抜けがある。だから正しい予測を立てることができない。これではまともに事業計画を立てることはできません。

その意味で、私は無計画な人間でした。そして、**無計画とは、失敗を計画していることにほかなりません。**私は二十代の前半でこのことを痛感したのでした。そして、それは次なるステージへと進むための踏み台でもありました。このことで私が改めて思うのは、自分は経験主義の人間だということです。とりあえずやってみるというタイプ。そのために失敗したことは数知れませんが、その愚かな経験が知恵を与えてくれたのも確かだと思っています。

それは書物からの影響も同じです。ちなみに今津さんはあまり本を読めという人ではありませんでした。その代わりに「人に質問をしろ。人に質問することがないやつはバカなんだ」といっていました。今津さん自身もよく質問をしてくる人でした。質問されると当然答えなければいけない。だから考えました。考える能力を養っていただいたのかもしれません。

私の経験主義とは、苦痛を経験する。その苦痛をもう味わいたくないと思って何かをする。もっと賢ければ苦痛を味わわないようにするのでしょうが、私の若いころというのは何でも苦痛からはじまっていたといえます。

発見⑤　みずから学び、成果を予測・計画すること

❖フルコミッション・セールスの世界へ

当時、私はお客様が経営する犬のショップを手伝ったことがきっかけで、犬を飼っていました。ドーベルマンという大型犬です。しかし事業に失敗をして、犬も手放さざるを得なくなりました。その犬を譲り受けてくださるということで出会ったのが、百科事典の訪問販売で知られるブリタニカの木村智さんという方でした。木村さんは、ブリタニカでトップマネジャーを務めていらっしゃいました。

はじめは犬の話をしていたのですが、そのうち木村さんは犬よりも私のほうに興味をもってくださるようになりました。失敗したとはいえ二十代前半で会社を起こし、経営に行き詰まって借金を抱えるという苦労を経験している人間は、そう多くはいないからです。それに、犬の販売と抱き合わせで一年分くらいのエサ（缶詰）を買ってもらえるようなしくみを考えて、売上を伸ばしていました。そんな点も目を引いたのでしょう。木村さんは、「ブリタニカで結果を出せば、今くらいの借金はすぐに返せる。キミにその気があるのなら、犬もいっしょでいいよ」とおっしゃるのです。

こうして私は、犬を手放すことなくブリタニカに採用されました。ただし、赴任先は大阪です。私は愛犬といっしょに大阪へ移り、犬と暮らせる一軒家を借りてもらって新たな生活をスタートさせたのでした。

ブリタニカはフルコミッション（完全歩合制）です。つまり、自分で売らなければ給料はゼロです。それどころか、業務契約をした時点で、電話代等の諸経費が引かれますからマイナスです。

最初は一セールスマンからスタートしますが、実績を積んでいくと、キャプテン、リーダー、マネジャーといった階層に昇進することができます。自分の下にいるメンバーが実績を上げれば、それに応じた指導料が自分にも入るしくみです。したがって、上へ上がって自分の配下のメンバーが増えれば、収入はさらに増えていきます。

ブリタニカの中では「どれだけ売ったか」が唯一の尺度でした。**売れば売るほど報酬は増え、昇進への道もひらかれます。学歴も年齢も、性別も国籍も、いっさい関係がありません。きわめてフェアな競争だと思いました。**私は家庭に恵まれなかった。学歴もない。歳は若い。借金もある。競争社会で優位なところが何もない人間に思えました。しかしブリタニカでは、これらのことは何も問われないのです。

「ここなら私にも道はひらかれている」と思いました。私がハンディと感じていたことがハンディではない。コンプレックスを抱いていることも関係がない。ただ売ることだけに徹すればいいのです。

しかし、現実はそう甘くはありませんでした。最初のころはいくらがんばっても、さっぱり売れません。意気消沈する私に、木村さんが声をかけてくださいました。

「おまえは今『自分はできない』という思いを抱いているのかもしれない。だが、オレは『おまえはできる』と確信している。おまえの信念とオレの信念と、どっちを信じるんだ?」

こう尋ねられ、私は「マネジャーの信念を信じます」と答えました。すると、「じゃあ、オレのいうとおりにやってみろ」と返ってきたので、その日からとにかく木村さんにいわれたとおりのことを実行しようと思いました。

発見⑥ 環境が変わればすべてが変わる

身につけたセールスの「マインド」「ノウハウ」「スキル」

木村さんに教えられたのは、「マーケット×セールス技術×有効面談件数」という、実績を上げるための方程式でした。

「おまえのいちばんの問題は、商品のことをわかっていないから売ることに自信をもてないことだろう」と指摘されました。図星でした。

「まずは商品知識をしっかり頭に入れること。次に、よいマーケットを開拓すること。見込み客を開拓する能力をつけることがセールスの生命線だ。オレは魚を与えるのではなく、魚の釣り方を教えてやる。それで結果が出せなければ、フルコミッションの世界は難しい」

話を聞き終えて、とても腑に落ちました。

まずは商品知識の習得です。当時のブリタニカで扱っていた商品は、英会話の教材と英語の百科事典でした。一セット三〇万円以上する高額商品でしたが、学問的裏付けは万全できわめて質の高い商品でした。私は商品知識が深まるにつれ、この商品を必要とするお客様にとっては値段以上の価値があることを確信しました。

セールス技術に関してはある程度身につけていたので、マーケットの開拓方法を教えてもらいました。

ブリタニカの商品は万人が必要とするものではありません。したがって、セールス先をよく吟味して選ぶ必要があります。私は航空会社に目をつけました。ブリタニカではまだだれも手をつけていなかった業界でしたから、いったん入り込むとその市場を私は独占することができました。

スポーツなどで「心技体」といわれることがありますが、セールスの世界でも同様です。ただ販売のノウハウをもっているというだけではうまくいきません。**「マインド（心**

がまえ）」「ノウハウ（売るための知識）」「スキル（技術、テクニック）」が一つになってはじめて、結果が出てくるものなのです。

セールスのマインドがしっかり確立したことで、ノウハウが生かせるようになり、スキルを積み重ね、あとは市場を見分けるセンスを磨くことで、私はとうとうトップセールスマンの仲間入りを果たすことができたのです。

発見⑦ 人が育つポイントは「マインド」の確立から

❖『素直な心になるために』との出合い

私はその後、次々と社内のランクをステップアップして、最年少でセールスマネジャーになります。そのころの私は、自信満々でした。やることなすことがうまくいくので、成功へ向かってますます加速していくのは間違いないと思っていました。

マネジャーとは、自分で実績を上げるのではなく、部下に実績を上げさせるのが役割です。私には、それほど難しい仕事には思えませんでした。なぜなら、私はセールスで実績を上げていた。そのやり方をそのまま部下に教えれば、だれでもきっと実績を上げることができると考えていたからです。

私自身が、商品知識がなくて自信をもてなかった経験から、まずは勉強会をひらいて徹底的に商品知識を身につけることからはじめました。

「とにかく何が何でも売ってこい」とハッパをかけるだけでは、人は動かないものです。商品に納得し、商品を好きになり、自分の中で売ることの意義が明確になったとき、人は大いに力を発揮するようになります。「マインド」「ノウハウ」「スキル」の一体化という自分の経験を生かしながらマネジメントを実践しました。

ところが、なぜかそれだけでは、うまくいかないのです。部下たちは、私の言葉に納得はしてくれますが、どういうわけか私が思ったとおりの動きにならないし、思っていたほどの実績につながってこない。

はじめのうち、私はそれを部下の能力の問題、あるいは資質の問題だと考えていました。私が成功したやり方のとおりにやれば、おのずと結果はついてくるはずなのです。にもかかわらず、結果が出ないのは、部下自身のほうに問題があるからだ、と。

しかし、入れ替わって入ってきた部下も、同様の状態になります。別のマネジャーのもとに異動した部下が、私のチームにいたときよりもイキイキと活躍しはじめたのを見て、はじめて自分の指導スタイルに問題があるのではないかと思いはじめました。とはいうものの何が問題なのか皆目見当がつかない。

何か手掛かりはないかと、私は書店に足を運びました。当時、私は自己啓発書やリーダーシップ論などを手当たり次第に読みあさっていました。**まだ私が読んでいない本のなかに、解決のヒントがあるのではないか。**そんな気持ちで書棚を眺めていました。

そのとき、ふと目に飛び込んできた本がありました。

書名は、『素直な心になるために』。

「なんだこれは?」と思いました。「素直な心」なんて、ビジネス書のコーナーにはなじまない言葉です。でも、それがかえって私の心に引っかかったのでした。

自分自身は「素直ではない」と思っていました。「素直な心なんて、もてるはずがないし、もつ必要はない」と思っていました。「何でも他人のいうことに従順に、フンフンと従っていたら他人の思いどおりにこき使われるだけじゃないか」と。

それにしても、どうしてこんな本がこのコーナーにあるのだろうと思って著者の名前を見て驚きました。なんと、この本の著者は、松下幸之助さんだったのです。

「あの松下幸之助さんが、なぜ……」

とりあえずこの本を購入し、家に持ち帰って早速読みはじめました。すると、途中でやめられなくなりました。

発見⑧　解決のヒントは必ず目の前に現れる

❖私心ではなく、真理からものごとを見る

私は「素直な心」について誤解していました。松下さんがおっしゃる「素直な心」とは、他人のいうことに何でもハイハイというような「従順さ」とはまったく異なるものでした。それは、ものごとの本質、真理に対して素直であるということだったのです。

松下さんは、こんなふうにおっしゃいます。

「世の中にさまざまな問題が起こるのは、人びとが素直な心をもっていないからだ。自分の欲望や利害にとらわれたり、自分の立場や主義主張にとらわれたりするから、ものごとの本質、実相（真実のすがた）を見誤る。その結果、他者といらざる対立や争いを起こしてお互いに不幸になっている。

もし、お互いが素直な心になれば、物の道理がわかり、ものごとの真理を見極めてそれに適応していくことができる。したがって、何がよくて何が悪いのかの区別も明らかになり、ものごとの判断を誤らなくなる。何をすべきかがおのずとわかってくるので、適時適切な判断ができるようになる」

私はページを閉じて自分自身を振り返りました。

たしかに私は、トップセールスマンになり、成績が評価されて最年少でセールスマネジャーになった。長く暗いトンネルのなかにいるような少年時代から抜け出て、世の中がパッと明るくなり、自分に自信がもてるようになった。しかし、その自信が、過信になっていたのではないか――。

ブリタニカは、完全な実力主義の世界です。売る力のある者のみが評価されます。その世界で上にのし上がっていくということは、だれからも文句のつけようがない実力を備えているということです。それによって自信が得られるのは当然ですが、そこから「だから私のいうことが正しい」「私の考えるとおりにやればうまくいく」「私のいうとおりにやってもうまくいかないのは相手のほうに問題がある」と、私心にとらわれるようになっていたのです。

部下指導がうまくいかないのは、私が自分の立場でしかものごとを見ていないからではないか。**大事なことは「自分が正しい。相手が間違っている」と対立軸でものごとを考えるのではなく、真理に照らして、ものごとの本質に照らして「何が正しいか」と考えることだったんだ——。**

学者や宗教家がこの本を書いていたら、私は見向きもしなかったでしょう。しかし、書いているのは、あの松下幸之助さんです。ゼロからのたたき上げで、あの大松下を築いた幸之助さんがおっしゃっているからこそ、私は説得力を感じました。

このときから、少しずつ仕事を見る目、人を見る目、事業を見る目が変わっていったと思います。私心にとらわれた自分の目で見ても、対立や争いの原因になるだけで、けっしてものごとはうまくいかない。真理に照らして何が正しいかを見極め、それに従う心をもつ必要があるのだと学びました。

発見⑨ どちらが正しいかではない、何が正しいかを考える

❖人材育成の拠り所を得る

次の日から、私の部下指導のやり方に、何か具体的な変化があったわけではありません。商品知識をしっかり身につける。商品に納得し、自分が売ることの意義を理解する。「マインド」「ノウハウ」「スキル」の一体化という方針は、変わらないままです。

しかし、おそらく、私が部下を含めて人と接するときの心境が、少しずつ変化していったはずです。**〝私の目〟でその人を見て判断を下すというよりは、本質的、長期的、客観的にものごとを見て判断しようと心がけるようになったからです。**

すると、いつの間にか部下の動きが変わり、実績が伸びるようになっていきました。結

果的に、私の部下から世界一の売上を上げたセールスマンが二人出て、国際的な賞までいただきました。

振り返ってみれば、これが私にとって最初の人材育成の仕事だったといえます。

ブリタニカで得たもの――それは高額の報酬とかではなく、何よりも大きかったのは「人を育てる力」でした。ブリタニカでの日々は、毎日が研修をやっているようなものでした。それを何年も続けることで、私は貴重な人材育成力を身につけることができたのです。松下幸之助さんの『素直な心になるために』は、そのための根本的なものの見方、考え方のベースをつくってくれました。

それは次なる舞台へと進む予兆でもありました。そして次の舞台には、これまでの人生観を一変させる大きな出会いが待っていたのです。

発見⑩ 人を見るのには、本質的、長期的、客観的を志向しなければならない

3　人生の転機

❖懺悔《ざんげ》と祈り

ブリタニカ時代には、本を読むことを奨励されました。セールスマンがお客様のことをよく知り、お客様との関係を深めていくためには、お客様に役立つ情報や興味をもってもらえる知識が必要だったからです。また、目標達成のための教育ビデオなどもあり、よく視聴しました。**これらの本や教材を通して、自分自身や部下の中に内在する可能性に目覚め、それを引き出していくことの喜びを知りました。こうして私は、自己啓発・能力開発の世界に関心をもつようになります。**

そのなかに、のちに恩師となる夏目志郎という方の能力開発教材がありました。夏目先生は、ブリタニカでは伝説的なセールスマンの一人として知られていた方で、独立後はオリジナルの能力開発プログラムを開発し、ヒット商品になっていました。私自身もユーザーの一人であり、私がトップセールスになれたのは、この教材の力が大きかったと思っています。

その夏目先生が東京にいらっしゃったときに、「青木君、おもしろいセミナーがあるからいっしょに行ってみないか」と誘われました。連れて行かれたのは、キリスト教プロテスタントの伝道大会でした。

ひととおり説教や賛美歌を黙って聴いていましたが、それが終わると、壇上の牧師さんがこういいました。

「疲れた人、重荷を背負った人は、前に出てきなさい。神様があなたを休ませてあげます」

はじめ、私は前に出るつもりはありませんでした。「前になんか、出るものか」と思っていました。しかし、私の心の中に、抗《あらが》えない何かが動いていることを、私自身がいちばん感じていました。

当時の私は、結果を出すこと（売ること）がすべてだと考えていました。それによって会社に認められ、報酬が増えることが成功だと考えていました。その結果、トップマネジャーまで上り詰めたのだという自負と虚栄心がありました。

ただし、その陰には自分で自分を追いつめ、たえまないプレッシャーの中で目標を達成している姿があったのです。ホンネのところでは相当疲れていた。重い荷物を背負ったような生き方をしていたのです。

牧師さんはこうもおっしゃいました。

「人間は罪深い存在です。その罪がさまざまな苦しみをつくり出しているのです。どんなに努力をしても、人間は自分の行動では救われません。しかし、神は愛です。神様は、どんな罪深い人間をも救ってくださいます」

その言葉を聞いて、私はもはや自然に足が前に出ていくのを止めることはできませんでした。そして気がつけば十字架の下《もと》に跪《ひざまず》いて懺悔《ざんげ》し、祈りをささげていたのです。

「神様、私は罪深く、ほんとうに弱い人間です。もし、ほんとうにあなたがいらっしゃるのなら、どうかわたしを助けてください」

人生のターニングポイント（転換点）でした。その日から、私はまさしく〝生まれ変わった〟のでした。

発見⑪　人は生き方を見直すときがある

❖価値観の転換

それまでの私は、世の中は競争であり、人生は勝つか負けるかだ、と考えていました。自分はなんとしても勝ちたい。成功とは勝つこと、幸せは勝者のもとにのみ訪れると思っていました。

ですから、負けるわけにはいかない。セールスにおいて、契約が取れないことは敗北を意味します。したがってもっと商品知識を身につけ、もっとセールストークを磨いて、何が何でもこの商品がお客様に必要であることを理解してもらわないといけない。私から商品をご購入いただくこと、それのみが唯一の正しい結論です。そうなってこそ、私は勝者になれるのです。

私は、教会に足を運ぶことで、この考え方がいかに自己中心的であったか、痛切に感じました。私自身の関心の中心は、あくまでお客様が契約されるかどうかでした。納得してご購入いただけたら、私の勝ち。契約に至らなければ、私の負けです。

商品のほんとうの価値は、お客様の手元に届いてから、どれだけお客様が活用されたのか、どれだけお客様に満足いただけたのかにあるはずです。ところが、一般的に当時のセールスは売れたら売りっぱなしで、その後フォローすることはまずありませんでした。私はお客様との関係を重視し、販売後もさまざまな情報提供や時間の共有を通して、お客様とのおつきあいは続けていましたが、商品に関して何かフォローするという発想はありませんでした。

私は、自分のセールスに何か重大なものが欠けていることに気がつきました。ひと言でいえば、それが「理念」でした。

私には「目標」はありました。目標を達成するための「計画」もありました。そして「日々の行動」に落としこんで、実践もしていました。しかし、本来それらの土台にあるべき「理念」を欠いていたために、目標を達成したらそれで事足れりとなっていたのです。

自分のセールスは、自己満足のため、自分の目標を達成するためになっていたのではないだろうか。セールスは本来、お客様のため、お客様の目標達成をサポートし、お客様の成功をサポートするものではないだろうか――私は自分のセールスに対する姿勢を反省しました。

聖書には、次のような言葉があります。

「自分を愛するように、あなたの隣人を愛しなさい」

「何事でも人びとからしてほしいと望むとおりのことを他の人びとにもそのとおりにしなさい」

これらがストンと私の身体に入り、以来、私の土台を形成するようになりました。このときから、世の中を勝ち負けで見る視点は消えました。競争社会の価値尺度で人生を測ることをやめました。

「勝者のみが幸せになり、敗れた者はみな不幸になる」という見方の代わりに、**「自分だけの幸せを追うのではなく、自分も人も共に幸せになる道を求めよう」**という考え方を採用するようになったのです。

発見⑫　自分だけの幸せに固執していてはならない

❖セールスから人材教育へ

このことがきっかけで、私は二十九歳でブリタニカを辞めることにしました。そして、夏目先生の会社に入社します。英語教材や百科事典のセールスから、能力開発のコンサルティングをかねた自己啓発教材の販売へと軸足を移したのでした。マネジャーとして入社し、営業本部長を経て最終的には取締役を務めました。

能力開発の教材販売がメインの会社でしたが、私はそこに研修を採り入れたのです。ブリタニカ時代に磨いてきた「セールス」「セールスマネジメント」「パーソナルディベロップメント（人材開発）」の三つの強みを発揮するためです。研修を実施することで、教材販売だけではカバーできないお客様のニーズに応えることができると考えました。結果、

1987年、創業当時のもので、社員に向けてメッセージをしている

売上は飛躍的に伸びることになります。

夏目先生の会社は、国際的なコンサルタントであるブライアン・トレーシーの日本総代理店でもありました。私は、ブライアン・トレーシーをはじめ、ロバート・シュラー（アメリカの牧師でニュー・ソートの第一人者）、可能思考（プラス思考、ポジティブ・シンキングなどの総称）の講座のチーフトレーナーを務め、講師としてのキャリアを積んだのです。

この活動を通して、私は顧客満足を高めることの重要性を認識しました。教材販売だけで終わるのではなく、顧客の行動が変わるところまでアフターケアする必要があると考えたのです。それで、ものすごくこだわりをもった研修をやり続けました。すると、**社内にはケアしすぎではないかという声も出はじめ、私と会社の間にアフターケアに対する考え方に微妙なちがいが生まれてきました。**

そこで、私は人材教育そのものに関して自分の力で独自の追求をしたいという気持ちが芽生え、結局「のれん分け」のような形で代理店として独立させていただくことになりました。こうして、有限会社ＴＢＲアチーブメントトレーニングセンターを設立。人材教育の中でも営業教育に強みをもつ会社としてスタートしたのでした（その後、自然消滅します）。

発見⑬ 人が成長するまで見届けるのが私の道

4 アチーブメントの黎明期

❖選択理論との出合い

独立に際して、もうひとつ貴重な出合いがありました。それが、「選択理論心理学（選択理論）」です。

選択理論とは、アメリカの精神科医であるウィリアム・グラッサー博士が提唱した心理学で、全米の学校や組織を中心に世界各国で採用され、再犯率の低下や離職率・離婚率の減少にめざましい効果を上げていました。私は、夏目先生の会社のアドバイザーであった柿谷正期先生（日本選択理論心理学会会長、元立正大学心理学部教授）をとおして選択理論と出合い、この理論が今の日本社会に必要であることを痛感します。

人はなぜ問題行動を起こすのか。それは、その人が抱えている「不幸感」にあると選択理論では考えます。そして、**その不幸感の源泉は、「自分が重要だと思っている人との関係が確立できないことにある」といいます。**これは私自身の生い立ちを振り返ってみても、大いに納得できることでした。

ではなぜ人は、自分が重要だと思っている人との関係が確立できないのか。それは、間違った心理学にもとづいて、人との関係をつくろうとしているからです。すなわち、「外的コントロール」（第2章－5参照）によって相手を変えようとするからです。

外的コントロールは、「人の行動の動機づけは外部からもたらされる」と考えます。したがって、「相手が間違っている」（これは「自分が正しい」という信念にもとづく見方で、必ずしも客観的に正しいわけではありません）場合は、自分が相手を正さなければならないと考えるのです。

最初は黙って相手を見守るつもりでも、相手の行動が正しい方向に行かなければ、穏やかにアドバイスしたり「正しい」行動を教えたりするかもしれません。それでも相手が自分の思いどおりの行動をとらなければイライラし、何としても相手の行動を変えようと、やり方は次第にエスカレートしていきます。たとえば、批判する、責める、文句をいう、

1988年5月14日、米軍の施設でもある山王ホテルにて、リアリティセラピー講座の開催時に、柿谷正期先生（左）、ロン・カールトン先生（右）と共に。柿谷正期先生は、日本における選択理論の第一人者として活躍され、アチーブメントの特別顧問でもある。同じく選択理論の第一人者ロン・カールトン先生は、私がリアリティセラピー基礎講座を受講したときの講師

ガミガミいう、脅す、罰を与える、目先の褒美で釣る、などです。

こうして、相手との人間関係は決定的に崩れてゆくのです。なぜなら、人はだれでも自由を求める存在であり、外部の力で自分をコントロールされることを嫌うからです。

やっかいなことに、外的コントロールをしている当の本人は、自分が原因で人間関係が悪化していることに気づいていません。なぜなら、自分は正しいことをしている、間違っている相手を正しい方

前列、故・ウィリアム・グラッサー博士とカーリーン・グラッサー夫人。
後列は左から、柿谷正期先生と故・寿美江先生ご夫妻、私の妻の宏子と私

向に変えようとしているだけだ、と信じて疑わないからです。

家庭においては親が子に対して、夫が妻に対して、学校においては先生が生徒に対して、職場においては上司が部下に対して、外的コントロールによって思い通りに動かそうという価値観が、当時の日本には空気のように存在していました。ここにメスを入れないかぎり、日本社会には永遠に「不幸感」が再生産され続けることになります。私は、選択理論が日本社会に空気のように浸透することこそ、家庭や社会に蔓延している「不幸感」を一掃し、前向きで活力あふれる世の中にするための大きな力になるはずだ

と思いました。

「選択理論」は、すべての行動はみずからの選択によるものと考えるので、みずからさまざまな情報や刺激をまず受け容れ、そのうえで自分の行動を決め、コントロールするので、理にも情にも不幸感は起こらない。世のためになる考え方なのです。

こうして、アチーブメントでは選択理論をベースにしたセミナーを開発し、それを事業の中心にしたいという理想を描きました。その実現のために、一九八七年、アチーブメント株式会社を創業したのです。

発見⑭　人は外的コントロールによって動かされるのを嫌う

❖タイムマネジメント研修をはじめる

選択理論といっても当時はだれも知りませんから、これではビジネスにはなりません。

初期のころは、ダイヤモンド社の経営カセット教材『ビジネスウィークリー』の代理店をするなどして食いつなぐような状態でした。

しばらくして、ある方の紹介で当時アメリカのデイ・タイマー社という手帳会社と取引できることになりました。デイ・タイマー社は、ビジネスマンや経営トップ向けに独自のタイムマネジメント（時間管理）のシステムを開発し、全米で非常に注目を集めていました。これは、目標達成のために時間を最大限に活用すること、設定した目標のうち優先順位の高いものから順に一つずつ実行していくことに焦点を当て、それをサポートするものです。手帳はそのためのツールでした。

ただ、手帳だけを購入しても、タイムマネジメントの考え方を理解しなければ有効に使うことはできません。考え方を身につけてはじめてこの手帳は真価を発揮するのです。

そこで私は、**選択理論をベースにしたタイムマネジメント研修ができないかと考え、柿谷先生とアメリカのデイ・タイマー社を訪問し、タイムマネジメントコンサルタントの資格を取得しました。**こうして、まずは「タイムマネジメント」をテーマに、当社の研修事業はスタートしたのでした。

発見⑮ 自分のスキルを他のスキルとのコラボレーションに生かす

❖『横綱千代の富士・頂点への道』を制作

創業から三年、一九九〇年に、横綱千代の富士を題材にした能力開発の教材をつくらないかともちかけられました。千代の富士は私と同じ北海道出身です。度重なるケガに苦しめられながらも、地力をつけて出世街道を駆け上がり、横綱という頂点を極めます。一九八九年には、通算勝ち星最高記録を更新し、相撲界に著しい貢献があったとして国民栄誉賞が授与されました。小さい体にもかかわらず強かったので「小さな大横綱」とも呼ばれました。先ごろ亡くなられたのは誠に残念なことでした。

国民栄誉賞までもらった角界の大スターでファンも多く、私と同郷ということで親しみも感じ、「これは売れるぞ」と勝手に思いこんで教材づくりを引き受けることにしました。そして、序ノ口から横綱に上り詰める過程を、平社員で入社してから社長までに至る企業の昇進プロセスにリンクさせながら、その成功法則を学ぶという、カセットテープとテキストを組み合わせた教材を苦心してつくり上げました。制作したのは三〇〇〇セットです。

ところが、いざふたを開けてみると、これがさっぱり売れないのです。千代の富士の相撲のファンは大勢いても、能力開発をテーマにした教材の購買層ではありませんでした。では、能力開発に関心がある人たちに横綱千代の富士がアピールするのかというと、そこにはかなりの距離がありました。

こうして私は、在庫の山を抱えることになります。制作費はすでに支払い済みで、毎月三〇〇万円、四〇〇万円の手形決済があるにもかかわらず、売上は全然上がらない。アチーブメントは、資金繰りが大変厳しい状況に追いこまれていきます。

「このままでは倒産してしまう……」

危機感を募らせた私は、当時結婚したばかりの妻はもちろん、これまでにお世話になった方々にも頭を下げてまわり、借りられるかぎりのお金を借りました。みずからの生命保険を担保にして借金もしました。こうして首の皮一枚つないでいる間に何とか売ろうとするものの、売れない商品を無理やり売ろうとしても徒労に終わるのです。一年かけても、とうとうほとんど売れることはありませんでした。ここに至って、ようやく私は、自分のやり方が間違いであることに気がついたのでした。

中国古典の『易経』の中に、「窮《きゅう》すれば即ち変じ、変ずれば即ち通ず」という言葉があります。**「ものごとが行き詰まってどうにもならなくなると、何かが変化せざるを得なくなる。何かが変わると、おのずと道はひらけてくる」**ということを示しています。

アチーブメントに起こったことも、まさにこれでした。私は、「あらゆる逆境には必ずそれと同等か、それ以上の幸せが隠されている」と確信しています。これまでの私の人生を振り返ってみれば、つねにそうだったからです。そしてこのときも、逆境のあとには、その後のアチーブメント躍進の礎《いしずえ》となるような出来事が待っていたのです。

発見⑯　人はみずから変化させることにより道をひらく

❖在庫の山からヒット商品を生む

『横綱千代の富士・頂点への道』は、まったく売れませんでした。ただし、中身が悪いのかといえば、私はそうは思いませんでした。

中身はいい。それを商品単体で売ろうとしているところに問題がある。もっとこの中身を生かせるような売り方があるのではないか――そう思い至ったのです。

この教材には、テキストとは別に「戦略的人生経営」というワークシートをつけていました。本来は、教材の購入者が自分でワークシートに記入して、自分の人生戦略に生かしていくものです。私はこれに目をつけて、**このワークシートを主体に仕事や人生における目標達成を支援するセミナーができないかと考えました。**

ちょうどデイ・タイマー社の手帳が、手帳単体で売ろうとしても売れないが、タイムマネジメントの研修と組み合わせることで売れた、というのがヒントになりました。

私は、フルコミッション・セールスの世界でトップセールスマンになり、トップマネジャーにもなりました。選択理論という心理学のほか、さまざまな能力開発トレーニングを受講し、各種トレーニング資格を取得してきました。これらの経験と学びをすべて投入した目標達成プログラム「頂点への道」を開講したのです。

これが、アチーブメント起死回生のヒット商品となりました。外資系生命保険会社などのフルコミッションのセールスマンを中心に、講座はつねに満席でした。これが開講以来二十五年間、毎月連続開催され、現在も続く、当社の看板講座になっています。

在庫の山となっていた教材は、この講座の付録的な位置づけにして販売し、数年間かけて完売しました。その後はこのテキストをベースに改訂をくり返し、現在は四〇版を超えています。

『横綱千代の富士・頂点への道』がもし売れていたら、現在に至る「頂点への道」はなかったでしょう。そういうセミナーを開講しようという発想は生まれなかったからです。売れなかったからこそ、新しい商品開発ができたのです。

まさに「禍《わざわい》を転じて福となす」という出来事でした。

発見⑰ 売れなかったからこそ、新しい商品開発ができた

5 人材教育に命を懸ける

❖社員に求める基準を下げない

「頂点への道」講座が軌道に乗り、開催回数を重ねるにしたがって借金も返済され、今度は反転してその分がそのまま黒字となっていきました。会社の状態がよくなり、二〇〇三年には新卒採用に踏み切りました。現在に至るまで無借金経営を続け、自己資本率は七〇パーセント、売上高が前年を割れたのは一年だけです。

もちろん、まったく順風満帆だったわけではありません。新卒を採用しても、当初はなかなか定着しませんでした。「ずっと中途採用を続けていくだけでは自分の理想を実現するのは難しい。やはり新卒で採用し、一から教育しないと」という思いでしたが、今ほど会社に魅力はなく、よい人材は集まらない。また採用する側も、どうしても即戦力的な要望に引きずられて採用してしまう。すると私のめざすところとズレが生じ、退職の道を選ぶ者が相次ぎました。

ところが、**不思議なことに三、四年すると辞める人間が減りはじめます。私の目から見て、将来幹部になりそうな人材がどんどん頭角を現してきました。社員数が増え、着実に社員が育っています。**それをそのまま反映するような事業展開に最近はなっています。

採用した社員が会社を去るのは、大変さびしく残念なことです。だれが辞めることになっても、私はいつも身を切られるような痛みを感じます。

だからといって、私はけっして社員に求める水準を下げることはしませんでした。このことがよかったと思います。結果的に、優秀でアチーブメントの理念に心から共感する社員だけが残ることになったからです。

発見⑱　求める人材像にはこだわらなければならない

❖日々の思考管理、行動管理が夢実現のカギ

私は、経営をシンプルに考えます。ビジネスは、効率や生産性を追求しながら目的、すなわち理念に向かっていくものです。そこで、まずは目的（理念）を実現するための、目標をもつ。企業として経済活動を推進していくためには、目標を数値化し、事業計画に落としこむ必要があります。事業計画を作成したら、計画が実行できるようにルールをつくり、全員にルールを守ってもらうしくみをつくる。あとは、一人ひとりの社員が日々の思考管理、行動管理をどうするか、という問題になります。

私は、若いころからさまざまな経験をしてきて、最後は自分の思考管理、行動管理をどうにかするしかない、と気がつきました。私はいつも、若い人たちにこういいます。

「どこを探しても夢はないよ。思い描いた理想が次々と実現していくような、絵に描いたような成功物語はないよ」

「まず自分の未来に理想を置く。次に現在の自分と理想の姿との間に一本の線を引き、そのライン上に目標を設定する。目標達成の先に夢の実現があるんだよ」

そして、**目標達成のために具体的計画を立てたら、あとは日々の実践があるのみです。毎日が勝負です。そこにしか真実はないのです。**

溶接工見習いからスタートし、現在に至る私の職業人生で、まったく変わらないのが、この「毎日」に対するとらえ方です。

「頂点への道」講座は、どうやって日々の思考や行動を管理すればよいのかを体系化したものであり、私自身の能力開発の道のりがそのまま商品化されたものといえます。

発見⑲　目標と計画と実践のくり返しが成功への道

❖つねに高みをめざす

私はけっして器用な人間ではありません。一つの道をあきらめずにコツコツと積み上げていくタイプです。そして、決めたことはやらなければ気がすまない。「頂点への道」を五〇〇回開催する、と決めたら、何が何でも、どんなことがあっても五〇〇回までやり抜きます。そのなかには、三九度の熱を出しながらも、「これは情熱の熱です」といって実施した講座もあります。結果、現在では二十五年間、六四三回まで続いているのです。

なぜそれだけ続けることができたのか。おそらくそれは、**底辺から必死に這い上がってきた私の人生のストーリーに、受講者の皆様が共感してくださるからだと思います。私の話に嘘偽《うそいつわ》りはありませんし、自分にできたことしか話していません。**

もともとは『横綱千代の富士・頂点への道』という教材が売れずに、苦肉の策ではじめた研修でした。それでも、回を重ねるたびにテキストを改善し、プログラムを改善し、オリジナルの手帳を付け、完成度の高いものに仕上げてきました。

私は、心の底から成功を志《こころざ》し、自己実現を望んできました。どうすれば人生はよくなるのか、求め続けてきました。そのプロセスで得た経験が、お客様に支持されているのだろうと思います。

人間は弱い存在です。易きに流れやすく、調子がよくなるとすぐに心に緩みが生じます。私自身、自分を振り返ってみて痛感します。では、易きに流されないために、どうすればよいのか。それは、「高みをめざす」ことです。「高い理想を描く」「高い目標を掲げる」ことの意義はそこにあるのです。

高みをめざすことは簡単ではありません。苦しいと思うことも数多《あまた》あります。でも、苦しさこそ、飛躍のバネになるのです。**「逆境の中でこそ、人は成長する」**――私の経験からも、それが本質だと思います。

発見⑳　逆境のなかでの成長が、共感と支持を得られる

❖すべてをさらけ出して採用する

「企業は人なり」といわれるように、私は社員の成長が企業の成長だと考えています。社員の力を引き出すには、「本当にその仕事をしたいのかどうか」「自分の願望と仕事が合っているのかどうか」が最大のポイントです。**人材教育の仕事に人生をささげるくらいの気持ちがないと、アチーブメントではやっていけません。**ですから、「この業種以外に天職はない」という人を厳選して採用しています。

当社は採用コンサルティングも行なっていますが、おそらく他の採用コンサルティング会社とは一線を画していると思います。ひと言でいうと、視点がちがうのです。

一般的な採用コンサルを受けると、本社の立地とか、美しくてモダンなオフィスであるとか、華々しく活躍している先輩社員がいるとか、休日が多くてプライベートが充実している、手厚い福利厚生で安心できる、会社にカフェがあっておしゃれ……などといった表面的なことばかりが取り上げられがちです。つまり、学生ウケがよく、会社の印象がよくなるような対策を打て、とアドバイスされるのです。

私は、これは採用の本質ではないと考えています。当社は立地的には不便な場所にあり、駅から長い坂を上って来なければなりません。立地で会社を選ぶような学生は応募してきませんが、ほんとうに自分のやりたいことをめざしている学生は、会社の場所など選ばないものです。

「自社のいいところだけを見せる」というようなこともしません。私は本音しか話せない人間ですから、会社のいいところも悪いところも、すべてさらけ出します。

「仕事はハードワークだよ。休みは労働基準法に認められている月七日（法律では四日）

しかないよ」

といっています。採用は恋愛ではなく結婚です。恋愛ならいいところだけを見せていればいいのかもしれませんが、結婚するとなるとそうはいきません。お互いに本音で向き合って、心の底から「この仕事がしたい」「この会社で自分の夢を実現したい」と思えるような人に入社してもらうことが大切なのです。

発見㉑　人間は条件ではなく、やりがいで仕事を選ぶと信じる

本気で社員の幸せを願っているか

当社では、入社した社員に対して厳しく教育をします。それは、社員の幸せを願っているからです。

事業はお客様に選ばれ続けないかぎり、継続することはできません。事業が継続できなければ、社員の生活は守れないことになります。

当社の仕事は、新卒で社会に出てすぐに経営者に対してアチーブメントを代表して人材教育のできる人材になる必要があるのです。これは並大抵のことではありません。もちろん最初は大変です。その代わり、業界の中では他社よりも良い給与水準になっていると思います。

新人教育では、社会人としての基本、人間としての基本を最重視しています。私は、自分にスキルがない時代は「育てていただいてありがとうございます」という心を育むことが大切だと考えています。これは経営のしくみでもノウハウでもなく、妙手《みょうしゅ》です。

学校時代の部活でもそうだったように、何か先輩から教えられたら「ありがとうございます」というのが当たり前です。入部したばかりでまだ戦力にはならないのですから、掃除や片付け、球拾いでも道具の手入れでも、何でも下働きをしたものです。いわば「下積み時代」です。この下積みが心をつくると私は信じています。

十年くらいは学習の期間です。そこで限界突破がどれだけできるか、どれだけ失敗を重ねることができるか、その回数が多いほど、伸び代が大きくなります。

これは、まねようと思っても簡単にまねできることではありません。表面的な部分だけをまねてみても、まったく機能しないものです。

私の場合は、心の本質的なところから、本気で人を育てようと思って経営しています。だから厳しいのです。自分が採用した人間の幸せを真剣に考えられないようなら、経営者の資格はありません。もし私がそうなれば、私は会社を辞めるでしょう。

私は教育の仕事が好きで、仕事そのものに生きがいを見出しています。大事なことは、仕事が喜びと感じられるかどうかです。私は、社員も「仕事が喜びです」といえるような人であってほしいと願っています。本気でそういう人間を育てようと思っている。それが社員にもわかるから、彼らも厳しさを乗り越えて、一所懸命働いてくれるのだと思います。

「企業は人なり」といわれるとおり、人づくりこそ企業の使命なのです。

発見㉒　教育は、育ててもらえることへの感謝の心を育むことから

6 アチーブメントのこれから

❖経営者教育の実践

二〇〇六年の時点で当社は売上一〇億円、経常利益二億円、社員五〇名を達成しました。私自身、経営者として会社を一つのステージに立たせることができたと思いました。そこで、みずからの実践にもとづいて、起業家の育成、中小企業経営者の教育にも踏み出していくことにしました。

日本の会社は九九パーセントが中小企業です。大企業よりも、中小企業に勤めている人のほうが多い。つまり、中小企業の経営者がまともな考え方をもって、健全な経営を実践しないかぎり、日本で働く多くの人は幸せになれないということです。

一時的に業績がよくても、経営者が慢心し、私欲を満たすことに走りはじめたら、たちまち会社はおかしくなります。経営者が自分の誤りに気づき、考え方と行動を改めないかぎり、傾いた会社を立て直すことはできません。

「いい人材が集まらない」と嘆く経営者がいます。その人に「じゃあ、あなたは事業によって何を成し遂げたいのですか」と尋ねると、「もっと儲けたい」「利益を上げたい」「会社を大きくしたい」――それ自体は結構ですが、その先を突き詰めると、結局自分が贅沢な暮らしをしたいというようなところに行き着きます。**社長の贅沢のために身を粉にして働きたいという社員が、果たして現れるでしょうか。いい人材が集まらないのは、経営者自身の考え方に問題があるからです。**

世の中を見渡してみると、もっと大変な状況もあります。社員一〇人以下の零細企業ともなると、後継者がいなくて、まともに事業継承ができないケースもめずらしくありません。やむなく親族が後を継いだものの、借金を抱えこんで二進《にっち》も三進《さっち》もいきません。

会社の命運を握っているのは経営者です。経営者の考え方次第で、会社は上昇もすれば、転落もします。「ほかにする人がいないから、仕方なく継いだ」「借金を抱えてどうにもならない」「時代後れのビジネスだ」などと、組織の責任者がこのようなマイナス思考で事業を行なってもうまくいくはずがありません。

経営者は、社員とその家族の生活も背負っているのです。経営者が健全な考え方をもち、健全な経営ができるかどうかが、社員とその家族の幸福をも左右することになります。私は、経営者教育をとおして、社会全体の問題を解決し、より幸福な社会の実現をめざして取り組んでいきます。

発見㉓ 経営者教育は幸福な社会の実現のために必要なのだ

❖出版事業への取り組み

アチーブメントでは、研修を通して、営業を通して、お客様と直接顔を合わせ、考え方を伝えたり、スキルやノウハウを提供したりして、お客様の目標達成をサポートするという事業を行なってきました。その効果はダイレクトにお客様に伝わり、お客様の行動に変化が現れたり、口コミで評判が広がったりし、現在では八七・五パーセントが紹介というローコスト経営を実現しています。

一方で、私はもっと広く世間に選択理論を広めたいという思いがあり、出版社を起こしました。それがアチーブメント出版株式会社です。

現代社会は、あらゆる情報があふれています。よい情報もあれば、好ましくない情報もある。よい情報にどれだけ出合えるかによって、人生の質は大きく変わります。アチーブメント出版は、成功をめざしている人、さまざまな人生的課題を抱えている人びとに対して、人生の質を向上させるような情報をお届けしたいと考え、良書だけを厳選し発刊しています。

世の中には、「売れるから」「読者が求めているから」という理由で、中身を吟味することなくさまざまな情報が垂れ流されています。こういった「売れるものなら何でもいい」「売れたんだからいいじゃないか」という傾向に対しての、「ＮＯ」という信念の現れでもあります。

私は家庭的に恵まれない少年時代を過ごしました。二十歳前後までは自分に自信がもてず、世の中を信頼することもできず、夢や希望を描くことはできませんでした。

しかし、人との出会いに恵まれ、よい本との出合いに恵まれたことで、人生が大きく好転しました。人は必ず変われる、これは私の信念です。そして、どれだけよい情報に接し、よい情報を自分の中に取りこむことができるか。それが、人生の質を向上させる大きなカギを握っているのです。

ですから、選択理論を中心に、世の中に役立ち、人に対してよい影響を与える出版物のみを刊行してきました。こうした活動を通して、いじめや差別のない明るい社会、だれもが安心して暮らせる社会、自分の夢に向かって努力できる公平な社会を実現したいと願っています。

発見㉔　人がよい情報に出合えるための事業が必要

❖人と未来を幸せにする経営

今、資本主義がおかしくなっています。企業経営が短期的にしか評価されず、経営者は四半期ごとの業績で厳しく責任追及されます。利益を生み出すためにはリストラも辞さないという考え方が広まっています。

いったい何のための会社経営だったのでしょうか。企業は、事業を通して世の中に豊かさをもたらし、人びとを幸せにするものではなかったのでしょうか。社員とその家族を不幸にするリストラを断行してまで、利益を生み出さないと存在が許されないというのは、当初めざしていた経営の姿とは異なるものであるはずです。

「成功した。でも幸せにはなれなかった」では意味がない、と私は思います。

私がめざしている経営はちがいます。どうすれば社員は幸せになるか。どうすればお客様に幸せになってもらえるか。そのことをずっと追求してきました。

辿り着いた答えが選択理論でした。**現在の日本の組織は、まだ大半が外的コントロール（第2章―5参照）の支配下にあると思います。これを内的コントロールに変えることで、今、直面しているさまざまな問題が解決し、人がイキイキと働きはじめることで組織が活性化し、停滞・低迷した現状を突破していけるのです。**

そのニーズは、潜在的なものも含めて膨大にある。社会がアチーブメントを求めている状態です。それに応えていくことで、私たちはさらに事業領域を広げていけると考えています。そして、三〇期（二〇一七年）に売上三〇億円、経常利益六億円、四〇期（二〇二七年）に売上一〇〇億円、経常利益二〇億円達成という目標を掲げています。

アチーブメント一社がもつ力は、小さなものかもしれません。しかし、私たちの事業は経営者や組織のリーダーに影響を与えます。一人が変われば、とくにリーダーが変われば、組織全体が変わります。一粒の種が組織に落とされることで、組織が変わり、やがて社会全体に大きな変化が起こることにもなるのです。

私たちがめざすことは、教育によって社会と人びとの暮らしによい影響を与えることです。人間本来がもっている高い資質や人間愛を、教育によって表出させることです。そして、家庭、学校、企業などのあらゆる組織を肯定的に変化させ、その変化の波を日本全国に、そして世界へと波及させていくことです。

いずれ私も経営の第一線を退《しりぞ》く日が来ます。それはそう遠い日のことではありません。しかしその先も、一人ひとりの社員が、アチーブメントの経営理念の旗のもとで、未来を切り拓《ひら》いてくれると確信しています。

発見㉕ 人を外的コントロールから内的コントロールへ変えるのが私たちの仕事

第2章

人が育つ経営は幸之助哲学にあり

私がお伝えしたい「人が育つ経営」の根本は、松下幸之助さんの経営哲学にあるといっても過言ではありません。ただ、経営哲学とは言葉だけを読んだとしても理解できたとは容易にいえるものではありません。よくその本質をとらえ、自分なりに解釈して実行するところに大いなる意義があるのです。本章では幸之助さんの代表的な経営哲学、「ダム経営」「適正経営」「雨が降れば傘をさす経営」「お客様大事の経営」「自主責任経営」「人を育てる経営」を自分なりにどのように実行したかを述べたいと思います。

何度もくり返して申し上げますが、私のいう「人が育つ経営」はただ幸之助さんの「人を育てる経営」を実行すればよいというものではありません。「人を育てる経営」はだれでも取り組むことです。しかし、実際に〝人が育つ〟経営になるには、その前提として組織にそれを成し得るだけの価値観が受け皿として浸透していなくてはなりません。

つまるところ、数ある幸之助経営哲学それぞれを、自分の事業分野に照らして応用していかなくてはならないのです。

幸之助さんは家庭電気器具の製造をドメインとしていました。けれどもその経営哲学は同じ家庭電気器具を製造する企業あるいは製造業の会社だけに限定されるものではありません。ここはたいへん大切なことです。哲学の哲学たるところであって、実際に具体化するためには経営者自身が必死になって自分の経営に落としこめるかを考えなければなりません。同じ「ダム経営」といってもわが社にどのように生かし、取り入れるか、まったく別物といえるからです。

以下、この章では、私がアチーブメントの場合ではどのように幸之助哲学を解釈し、実行しているかその手法を述べていきたいと思います。

1 「人材のダム」「時間のダム」「資金のダム」

私のダム経営

❖「人材のダム」をつくる

企業は、いついかなるときであっても成長・発展していかなければなりません。そのために、松下幸之助さんが大切にしておられた考え方が「ダム経営」です。

ダムとは、川をせき止めて水をためておくものです。これによって、雨の少ない季節でも必要な水が使えるようになります。企業経営においても同様に「資金のダム」「設備のダム」「人員のダム」「技術のダム」「企画のダム」「製品のダム」「在庫のダム」など、経営のあらゆる面でゆとりをもつことが必要であるとおっしゃるのです。こうすることで、好不況の波や需要の増減に影響されない安定した経営ができるということです。

この話を聞いて、「資金や企画にダムがあったほうがよいのはわかるが、設備や在庫は余剰がないほうがいいのではないか」と考えた方がいらっしゃるかもしれません。しかし、松下さんがおっしゃるダムとは、設備や在庫を過剰に抱えることとはまったくちがいます。本当はもっと売れると思っていたが、結果的には伸びずに在庫が残ってしまったというのなら不良在庫であり、在庫のダムとはいいません。的確な見通しがあったうえで、カツカツでやりくりするのではなく、一割なり二割なりの余裕をもって事にあたるという意味なのです。つまり、大事なのは、自分として「〇〇のダム」として何に余裕をもたせるかです。

では、私にとっての「ダム経営とは何か」を考えたときに、**人材教育コンサルティング企業として第一に挙げなければならないのは「人材のダム」だとしました。**いじめ、差別のない明るい社会を実現したい。だれもが自分の能力を高め、個性を発揮し、人と社会に貢献できる人間になってほしい。そんな願いを共に実現していくためには、**この価値観に共感する人材を集め、そこに投資し、育成することが大切になってきます。当社にとっての経営基盤とは、一にも二にも人材なのです。**ただ、この人材のダムをつくるには工夫が要ります。単純に学歴だけを考えれば大企業であれば志望者も多く、少しは有利かもしれません。けれども中小企業のわれわれはそうした志望者の属性よりもまず、自分たちにとってどんな人材が必要なのかという、確固たる人材観を確立させることなくして真のダムはできないと考えていました。

そのうえでアチーブメントの場合に重要ととらえてきたのが、採用と教育でした。これが私たちの人材観の上に立ち、人材のダムをつくるための要となる場としたのです。

手法① 人材教育企業でのダム経営の第一は「人材のダム」づくりにある

❖「理念への共感」が採用の前提条件

アチーブメントでは、とくに採用には非常に大きなエネルギーとコストをかけてきました。たとえば、当社の人事部には現在七名の正社員がいますが、そのうち三名は新卒採用の専任です。彼らは年間を通して、フルタイムで新卒採用に携わっています。なぜ、それだけの人数が必要なのかというと、それだけ手間隙をかけた採用の手順を踏んでいるからです。

目先の効率性だけを考えると、どうしても中途採用で「即戦力」を求めがちになります。当社も創業から十数年間は中途採用でやってきました。しかし、理念を徹底し、その実現に向けて企業を発展させていくためには、やはり新卒を中心に育成していかなければダメだという思いから、二〇〇三年より新卒採用を開始したのです。

私は、会社への就職は、結婚と同様にその人の人生を大きく左右するものだと考えています。企業がどのような願いで採用するのか。じっくりと考えてみてください。ところが通常、企業が一人の学生を採用するのにかける時間は、平均五時間といわれています。そんな短時間の「お見合い」だけで採用を決めるから、入社してからお互いに「こんなはずではなかった」という事態に直面するのです。それでいいのでしょうか。

当社では、最初の会社説明会から最終面接まで、全部で七段階の行程があります。その間にかかっている時間は、おそらく百時間を超えているでしょう。各段階でさまざまなプログラムがあるのですが、どの段階も「落とす」ためではなく、応募者がどれだけ当社と合っているかどうかを確認する、という姿勢で行なっています。

たとえばある段階では、一緒にワークに取り組んだ応募者の中から、自分を含めて「この会社にふさわしい」と思う人を二名投票してもらいます。「自分がふさわしい」と思えば自分に一票を入れる。「自分よりもこの人たちのほうが合っている」と思えば、二名とも自分以外の人に入れてもいい。当社が一方的に学生を評価して採否を決めるのではなく、当社の理念を知ったうえで、だれがこの会社に入るのがふさわしいのか、お互いに評価し合うのです。

また、選考プロセスのなかでは、何らかのかたちで当社の全社員がかかわります。たとえば、選考の過程には社員に対するプレゼンテーションの機会があるのですが、その際には全社員がプレゼンを見に行きます。内定が決まったときは、全社員でお祝いします。いわば「全社員参加型採用」です。

このように、入社希望者とも真剣に向き合い、じっくりと時間をかけて採用を決めますから、「お互いにうまくやっていけそうだ」という相思相愛の状態で会社生活がスタートすることになるのです。

人材は、当社にとって最も大切な資産です。ですから、志を同じくし、共に道を切り拓く仲間は一人でも多く増やしたい。もちろん、毎年の事業計画がありますから、その年々に目標とする採用人数は設定します。ただし、いくら優秀な人であっても、**当社の理念に共感し人材教育コンサルティング事業に適性のある人でなければ、採用はしません。「量」ではなく、「質」を追求します。**結果、目標にしていた採用人数を下回ることになったとしても、人に関してはいっさい妥協しないのです。

この軸がぶれると、「人材のダム」を形成するどころか、「人材のムダ」を抱えることになりかねません。

一般的な採用システムだと、才能のあるパフォーマンス型の人間がどうしても有利になりがちです。才能があることは結構なことですが、才あることに驕《おご》り、我の強い人間になってしまったら、かえって組織全体の足を引っ張ってしまいます。

私が重視するのは、アチーブメントの経営理念に共感・賛同できるかどうかです。そして、人材教育コンサルティング企業の一員として、みずから成長するという意志と意欲をもち、人の幸せに貢献できる適性と能力があるか。何回もの面接を重ね、価値観が合致しみんなが「一緒に働きたい」と思う人材、すなわち「徳」と「才」を兼ね備えた人だけを採用しています。

手法② 採用は「数」ではなく「質」であり、「徳」と「才」にこだわる

❖人材は資本（キャピタル）である

経営理念への共感を採用の中心に据えてから、当社にはよい人材が集まるようになりました。また、価値観を共有する人間が集まったことで社内のコミュニケーションが良好になり、離職率も下がりました。当社の事業を推進していくのにふさわしい資質をもった人材を採用しているわけですから、当然の結果ではあります。

そこで、次に大事になってくるのが、教育です。アチーブメントでは、社員全員が自分の給料の五倍の付加価値を生み出すことを求められます。これは中途半端な取り組みでは達成できないレベルです。マインド、ノウハウ、スキルのすべての面でのステップアップが必要で、それ相応の覚悟をもって臨まなければなりません。

「今の若者はきついことがあるとすぐに辞めてしまう」といわれますが、それはそこにやりがいも意義も見出せず、ただ一方的に数字の目標達成を追求されるからでしょう。どんなに厳しくても、そこにやりがいや喜びが感じられ、それがお客様や世の中の役に立っているということを実感できれば、会社はその人にとっての有意義な自己実現の場となります。

やりがいや自己実現というと、なかには自分中心に、自分のやりたいことだけにとらわれてしまう人もいます。しかし、それはとても視野の狭い考え方です。**「自分が何を求めているのか」に目を向けることは大切ですが、そこから一歩進めて「上司や職場の仲間は自分に何を求めているのか」「お客様は自分に何を求めているのか」へと視野を広げていく必要があります。**その先に、「この会社の事業を通して世の中に貢献したい」と心から思える人材への成長があり、アチーブメントの社員として、ほんとうに活躍できるスタート地点に着くことができるわけです。

人材を費用、コストととらえるのか、それとも資本、ヒューマンキャピタルととらえるのかは、よく議論されるテーマです。人材をコストととらえているかぎり、採用や教育はなるべく効率的に、少ない労力で行なおうとするでしょう。業績が振るわなければ人員を削減し、賃金はなるべく低く抑えようとするでしょう。

しかし、そのような発想では、いつまでたっても「人材のダム」はできません。人材を代替可能な「駒」と考え、企業側の論理だけで増やしたり減らしたりするのでは、一人ひとりが仕事にやりがいを感じ、責任をもって目標達成をめざしていくような社員が育ちません。「人材のダム」とは、人員の数が問題なのではなく、その中身、すなわち人材の質が問われるのです。だからこそ、私たちは採用と教育には惜しみなく時間と労力をかけているのです。

社員教育については、のちの節でも述べるつもりです。

手法③ 新人はまず働く意義を理解することによって、真のスタートを切れる

❖時間管理がダムを生み出す

松下さんは、「経営のあらゆる面において」ダム経営を考えることが大事だとおっしゃっています。**ダム経営を私なりのとらえ方で言い換えると、「事前対応」ということになります。ダムの余裕とは、事前対応によって時間的ゆとりを生み出すことに相当します。「時は金なり」という言葉があるように、まさに時間こそ、お金を生み出す最大の要素であると考えられるのです。**

仕事ができる人ほど、一所懸命に働きます。一所懸命働くことは、悪いことではありません。しかし、一所懸命がんばる人ほど、考えるよりも先に走ってしまいがちです。**私は「懸命」の文字を「賢明」に換えて働くことをおすすめします。すなわち、突っ走る前後に、少し「考える」時間をもつということです。**

松下幸之助さんは、生来身体が弱く、とくに若いころは仕事に出たくても出られず床に伏している日も少なくなかったといいます。走りたくても走れない。その分、考えに考え抜く、という技を身につけられたのではないかと想像します。

私は、三十代の前半にアメリカでタイムマネジメント（時間管理）を学び、この「考える」ことの重要性を痛感しました。

私たちは日ごろ、人生が有限であるという事実を忘れがちです。だから、目先の利益にとらわれたり、誘惑に負けて流されてしまったりします。だれしも完璧な人間ではありませんから、それは致し方ない面もあります。

ですが、仮に明日、人生最後の日を迎えるとしたら、これまでの人生は悔いのないものだったといい切れるでしょうか。一カ月後、あるいは三カ月後に、自分の命が失われるとしたら、これまでと同様の日々を送り続けるでしょうか。

もし、**人生で実現したい夢があるなら、そのゴールを具体的に描き、それに向かう時間軸のなかで目標を細分化し、一つひとつクリアしていくというステップが不可欠です。**

たとえば、「次のオリンピックで金メダルを取る」という夢をもったアスリートがいたとしましょう。本気でメダルを取りに行くためには、単に厳しい練習を積んだというだけではダメです。四年間なら四年間という限られた時間をどう使うのかがカギになるのです。

四年後の本番を迎えたときに、どのくらいの実力が備わっていなければならないか、その最終的な理想像が明確でなければなりません。そして、今現在の自分の実力との差異を正確に知り、一年後、二年後、三年後という中間ステップで、どれだけの改善・伸長がなされているべきかを割り出す必要があります。

一年ごとの中間目標が明確になれば、おのずと半年後、三カ月後といった目標も明らかになります。そうすれば、この一カ月でどのレベルまでもっていく必要があるかもわかってくるでしょう。すると、この一週間をどう過ごすべきかも見えてくるはずです。こうして、最終的には「今日一日をどう過ごすか」というところまで細分化されます。

通常、私たちは「現在」の延長線上に「未来」があると考えます。ところが、金メダルをめざすこのアスリートのように、「未来」からの逆算によって「現在」をとらえると、時間のもつ意味が、まったくちがったものになってきます。すると、必然的に時間の使い方も変わってきます。

「オリンピックの金メダル」は、現役の選手でないと取ることができません。アスリートにとって、「現役選手として過ごせる時間」は極めて重要な価値をもっています。そして、金メダルという目標を達成するためには、もはや一日たりともムダに過ごしていい時間は残されていないことが自覚できるのです。

この事実を本気で受け止め、自分を律して一意専心、日々怠《おこた》らず練習に邁進《まいしん》した選手のみが、金メダルの栄冠を手にすることができるのだと思います。

私たちの人生も、じつは金メダルをめざすアスリートと同じではないでしょうか。もちろん、オリンピックはあらかじめ開催日程が決まっていますが、人生は最終日がいつになるのかはわかりません。ただ、仕事を現役でいつまで続けるか、会社人として、職業人として、いつをゴールにするのか、といったことは自分で設定できるはずです。

こうしてゴールを設定したのなら、金メダルをめざすアスリートと同様に、ゴールに至るまでのステップを設け、細分化した中間目標を明確にしていきます。すると最終的に、今日一日をどう過ごすかという課題が目の前に浮かび上がってくることでしょう。

じつは、人生の充実とは、今日この一日の充実のことにほかなりません。**人生の質を高められるかどうかは、今日この一日の質をどこまで高められるかにかかっています。成功は未来にあるのではなく、今日一日、今この瞬間の中にあるのです。**

私は毎日、朝起きてから夜寝るまでの時間を詳細にスケジューリングしています。いじめ、差別のない明るい社会を実現したい。お客様の夢の実現をサポートし、成果の創造に貢献し、物心両面で社員が幸せになる会社にしたい。そういった大目標を達成するために、いくつかの中間目標をつくり、それを実現するために日々のスケジュール管理があるわけです。

そして、毎朝必ず事業の目的を確認し、その日の目標や行動計画を細かくチェックします。帰宅後も必ず一定の時間をとり、今日一日の自分の言動を振り返り、目標設定に間違いはなかったか、目標は達成できたのか、何か問題点があったか、どんな課題が浮かび上がってきたのか、などを内省します。これが「考える」時間をもつということです。

多くの人はタイムスケジュールを作成しただけで安心し、それをチェックしたり反省したりする時間を取りません。すると、スケジュール管理が形骸化したり、長続きしなかったりするのです。「考える」時間をもたないということは、結局は何も考えないで一日を突っ走るということになります。これでは、ほんとうの意味で時間を生かすことはできません。

ちなみに、私は毎晩寝る前に、次の日に着る服を準備し、靴を磨いておきます。こうすることで、翌朝起きたとき着る服のことで何もわずらわされることなく、前日に用意した洋服をさっと着て出かけることができます。これが「事前対応」の一例です。事前対応が、「時間のダム」を生み出すことがご理解いただけると思います。

手法④ 「事前対応」が「時間のダム」をつくる

❖資金にも「ダム」を

松下幸之助さんは、資金の面でも大変ユニークなダム経営を実践されています。昭和の初めごろのエピソードですが、銀行からお金を借りる際、たとえば一万円が必要なときは、あらかじめ二万円を借り、余分の一万円はそのまま定期預金にしたというのです。これは、**銀行に言われなくても自分のほうから両建預金をしたのと同じです。**一方で高い金利を支払いながら、もう一方で安い金利で預けておくわけですから、損をします。でも、松下さんはそれを損だとは思わず、保険料のつもりで金利を払っていたそうです。つまり、こうしておけば、必要なときにいつでも資金を引き出して使えるので、資金に余裕が生まれるというわけです。

松下さんの会社とは規模が全然ちがいますが、当社も「資金のダム」については細心の注意を払っています。もっとも当社の事業内容からすると、大規模な設備投資といったものが必要になるわけではありません。**キャッシュフローを重視し、不動産投資などは極力控え、できるかぎり多くのキャッシュを手元にもつように心がけてきました。**

資金を潤沢にしておくことで、経営環境の急激な変化に対しても、対応ができるようになります。数年前、世界的に感染が広がっていた鳥インフルエンザが日本にも上陸し、大騒ぎになったことがありました。このとき私は銀行へ足を運び、借入枠を拡大する手続きを行ないました。銀行の担当者は、「どうしてこの時期に借入枠を増やすのですか？」と不思議そうな様子でした。べつに資金繰りに懸念が生じているわけではないからです。

私はこう説明しました。

「もし、ヒトへの感染が起こり、それが広がっていくような事態になれば、国は多くの人が集まる集会や会合の自粛を要請したり、禁止したりするかもしれない。そうなれば、公開講座が収益の柱になっている当社は大変厳しい状況に置かれることになる。だから、この枠だけは取っておきたいのです」

本当にヒトへの感染が広がり、パニックになってから、「借入枠を広げてください」と申し出ても、それは無理というものでしょう。ですから私は、**つねに先手先手でものごとを考え、問題が起こる前に手を打つことを実践してきました。このケースも、事前対応で資金のダムをつくった一例です。**

手法⑤ 事前対応が「時間のダム」となり、それが「資金のダム」につながる

❖ダム経営をする決意

「資金の余裕も人材の余裕も、あったほうがいいことはわかっている。しかし、それがもてないから困っているんだ」――そう思われる方がいらっしゃるかもしれません。

松下幸之助さんがダム経営のことを説かれたときも、ほとんどの人はこれと同様の反応を示したといいます。昭和四十年ごろ、京都で行なわれた経営者向けの講演会でのことです。質疑応答の時間になると、一人の経営者が質問に立ちました。

「ダム経営の大切さはよくわかりましたが、われわれにはその余裕がないから困っているんです。どうすればダム経営はできるようになるのでしょうか？」

すると松下さんは、次のようにお答えになりました。

「ダム経営をするには、まずダム経営をするんだと強く願うことですな」

多くの聴衆が、あまりにもつかみどころのない答えにがっかりしました。ところが、その中でただ一人、ガツンと頭を殴られたようなショックを受けた若い経営者がいました。京セラ名誉会長の稲盛和夫さんです。当時、起業したばかりの京セラをなんとか軌道に乗せようともがき苦しんでおられた時期でした。

稲盛さんはそのとき、「何か簡単な方法を教えてください、というような生半可な気持ちでは経営はできない。まず、自分はこういう経営をしたいと本気で願い、強い決意に基づいて経営にあたることが大切なんだ」と気づいたそうです。その後の京セラの成長・発展は、説明するまでもありません。

新卒採用に関して当社が、「量より質」を重視する、たとえ目標の採用人数を下回ったとしても理念に共感しない人は採用しない、などというと、「御社は学生たちが多数エントリーして、そこから絞りこめるからいいじゃないですか」とうらやましがる経営者もいます。そして、「うちは量より質なんていっていられない。とにかく必要な人数をかき集めるだけでも大変なんですから」と半ばあきらめ顔でおっしゃいます。

たしかに、好不況にかかわらず、中小企業はよい人材を集めるのに苦労させられます。

私にもそういう経験がありますから、その気持ちは痛いほどわかるつもりです。

ただ、私は自分がセールスマンですから、何事もまず顧客の立場に立って考えます。商品はお客様が魅力を感じるか否かで、購入されるかどうかが決まります。ですから私は、お客様から見て魅力ある商品なのかどうか、お客様にとって欲しい商品なのかどうかを、つねに追求してきました。

採用活動における顧客とは、学生です。したがって、学生から見て会社が魅力ある存在になっていなければなりません。では、学生にとって会社の魅力とは何か。多くの人は、待遇（給料）が第一と考えているようですが、私はそうは思いません。人はお金のためだけに働くのではありません。

学生にとっての魅力とは、それが自己実現できる会社であるかどうかです。つまり、経営者が自社の事業に対してどんな志をもっているかが問われているのです。経営者が本気で夢や理想を追い求め、それを語っているのか。この経営者が語る夢や志、理念に人は集まってくるのであって、それなくして「人が集まらない」と嘆いても何も始まらないのです。

「まず強く願うこと」とおっしゃった松下さん。それを打てば響くように受け止めみずから実践された稲盛さん。お二方の慧眼《けいがん》には感服するほかありません。私自身も、少しでもそうありたいと願い、つねに自分の志を確認し、社員、学生、そしてお客様にも伝えるように心がけています。

手法⑥「人材のダム」づくりの前提といえるのは、経営者の志であると心得る

2 理と利を統合する

私の適正経営

❖自分の器を知る

人が育つ会社とは、何も急成長して規模が拡大して、管理者層が急に求められる状態になればそうなるというイメージとは無縁だと思います。大事なのは、経営の質であり、組織の中の価値観が貫かれていること。それらはとても表現しにくいものです。ただどこかに無理をしていてはなかなかそれが一様でなくなります。組織の質を維持、高めながら経営することが大切なのです。

企業の成長・発展は、経営者に課せられた至上命題です。とはいえ、それはあくまで己の器に則した規模でなければなりません。身の丈を超える成長をめざしても、一時的には達成できてもどこかで無理をした反動が生じ、業績の低迷や人心の荒廃、モラルの欠如などとなって返ってきます。一流と思われていた企業が、行きすぎた拡大路線や売上至上主義によって、一気に凋落《ちょうらく》の憂き目に遭ったケースは枚挙に遑《いとま》がありません。

松下幸之助さんも、「適正経営」という言葉で、これを戒《いまし》めておられます。すなわち、「人間の能力には限界があるのだから、事業にも一定の限度があることを考えながら企業の発展をめざしていくべきだ。会社の力を大きく超えた仕事をしようとしてもうまくはいかない。結局失敗に終われば、本来の使命を果たせないし、社会にとってもマイナスになってしまう」とおっしゃいます。そして、**「企業を発展させるためには、会社の総合力を正しく把握して、その範囲内でやっていくこと」であり、特に大事なのが「経営者、経営陣の経営力だ」とされています。**

これは、われわれがつねに肝に銘じておかなければならないことだと思います。私自身、自分の器を知るところからすべてが始まると思ってやってきました。

「自分を知る」ことは、簡単なようで、じつは容易なことではありません。「自分のことは自分が一番よくわかっている」と思いがちですが、それはともすると、自分のいい部分だけ、見たいところだけを見ている場合が多い。自分にとって不都合なこと、見たくないことは、無意識のうちに目をそむけているのです。

ですから経営者には、つねに謙虚になり、自身の至らなさを知るための機会をもつことが必要です。松下さんは、自分で自分をよく見つめることを「自己観照」といっておられます。これは、「自分の心を一度自分の身体から取り出して、外から自分を見直してみる」ことだといいます。これができると、「自分のことが素直に、私心なく理解できる」そうです。

私は、二十九歳のとき、縁あってクリスチャンとなりましたから、毎週教会に行き、自分がいかに未熟で弱い存在であるか、自己中心的で罪深い人間であるかを、真理に照らして見つめるようにしています。私の場合はキリスト教ですが、人それぞれ自分という小さな枠内で自分を見るのではなく、自分を超えた大きな存在、もっと高い位置からの視点で自己を顧みることは不可欠ではないでしょうか。

そういう意味では、自分に対してあえて苦言を呈したり、厳しいフィードバックをしてくれるような師をもつことも大切です。そして、よい経営者と交流すること、何か一つの道に秀でたすばらしい人と接すること、松下幸之助さんのような優れた先達の示唆に富んだ書物を読むこともよいでしょう。常日ごろから優れた人物や本に触れることで、独善に陥ることなく、絶えず自分のあり方を見直す機会をもてるのです。

手法⑦ 自社の実力を超えることをしてはならないように自社観照をする

❖働きすぎない

こうして経営者自身が自己観照によって自分を知るとともに、自社の商品開発力や販売力、技術力、資金力といった会社の総合力を正確に把握することが大切です。

アチーブメントでは、縦軸に業績、横軸に時間をとったグラフの中に、「アチーブメントゾーン」という達成領域を描いて、目標達成を可視化しています。この目標ラインを下回ってはいけないのは当然ですが、この領域を上に超えてしまうことも避けなければなりません。「目標をオーバーしているからいいじゃないか」と思われそうですが、前がかりになって行け行けドンドンで走ってしまうと、あとで必ずリバウンドに見舞われます。こ

アチーブメントゾーン

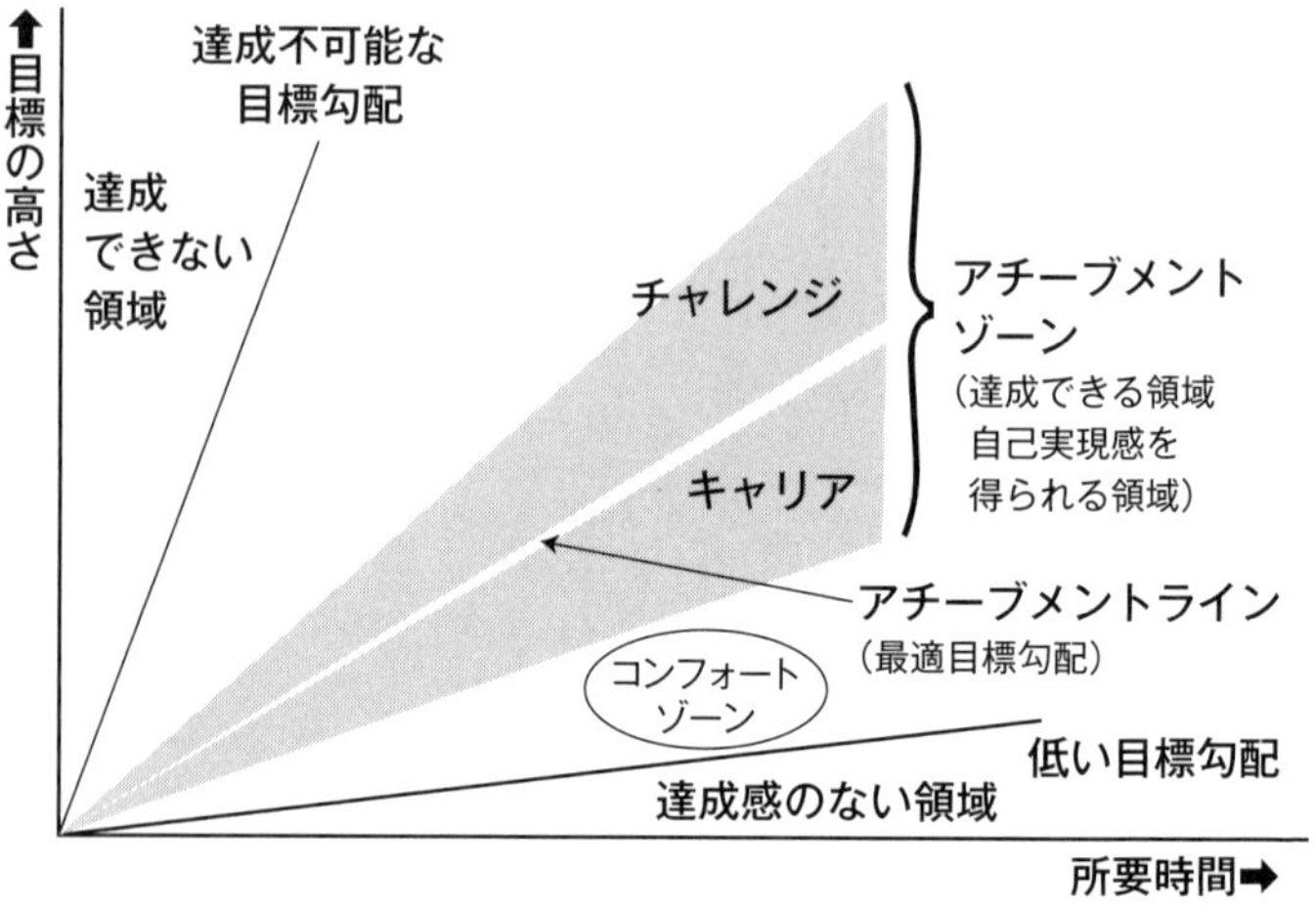

のダメージから回復するには想像以上の時間とエネルギーを費やさなければなりません。目先のメリットよりもデメリットのほうがずっと大きいのです。

当社は人が資本であり、人材が育つことで良質のサービスをお客様に提供しています。短期間で無理やり業績を上げても、人の教育はついていきません。人が育たなければ、当社は使命を果たせないわけですから本末転倒です。

ましてや、現代は「働きすぎ」が社会問題としても取り上げられる時代です。企業側の論理だけで従業員を馬車馬のように働かせるのは論外ですが、たとえ社員が「自主的に」「自己実現のために」、あるいは

「お客様のために」もっと働きたいといっても、それが限度を超えていると判断すれば、経営者はストップをかけなければなりません。

たとえば、アチーブメントでは創業以来二十九年間、日曜日は完全休業という方針を貫いています。これは当社のような公開講座をメインとした研修コンサルティング企業にはめずらしいことだと思います。なぜなら、参加するお客様のことを考えれば、土日を使ったほうが断然、集客がしやすいからです。

社員からは「日曜日も開催できるようにしてほしい」と何度も頼まれました。しかし、私はけっして折れませんでした。その理由は、私が家族を大切にしたいからです。先に述べたように、私は家庭的に恵まれない子ども時代を過ごしてきました。だから自分の家族をもったときは、ほんとうに感謝しましたし、絶対に家族を幸せにしたいと思いました。

社員にも家族があります。私はそれを大事にしてほしいのです。仕事に忙殺されて家庭を顧みない。目標数字に追われて身も心も疲れ果てて家に帰る。暗い顔で沈みこんだり、イライラを家族にぶつけたり、そんなことはしてもらいたくない。**「アチーブメントで働いていたから、子どもの運動会には行けなかった」「家族と触れ合う機会なんてなかった」――そんなことは絶対にいってほしくないのです。**

それでも日曜日に出たいという社員に、私はいいました。

「そこまでいうのなら出てもらっても結構。でも、経費も手当も出さないよ」

社員は反論しました。

「社長、それはおかしいですよ。いくら家族のためとはいえ、家族を養えるのは、お客様がお金を支払ってくださるからこそではないでしょうか。お客様のおかげでわれわれの事業は成り立っている。だとすれば、（日曜日に講座を開催してほしいという）お客様のご要望を第一に考えるのが筋というものです」

たしかに彼のいうことは正論です。そこで私はいいました。

「なるほど、いわれてみれば君のいうとおりだ。でも、君がもしその論理で日曜日に講座を開講したら、君のチームのメンバーはみんな日曜日に出なければならなくなるよ。そうすると、他のチームも『日曜もやろう』ということになる。みんながこぞって、アチーブメントゾーンを超えていくようになるんだ。それではうちは、社員が幸せになる会社とはいえないと思う。それは、結局はお客様のためにもならないんだよ。

だから、お客様にはアチーブメントの方針をちゃんと説明してほしい。土曜日まではやらせていただきますが、日曜日は会社の方針として休みとなっているんです。大変申し訳ありませんが、木金土の三日間の講座ということでご理解いただけないでしょうか、と」

実際、その方針で三十年間、講座を開催してきました。それで何の問題もありません。企業を発展させるためには決して無理をしてはいけない――これが鉄則であり、適正経営の神髄だと思います。

手法⑧　経営者の価値観を反映した自社の原理原則を貫き通す

❖「利」の優先が経営を苦しめる

ところで、皆さんは、雨が降ったらどうなさいますか。

「そりゃあ、傘をさすでしょう」

たいていの方は、こうお答えになるのではないでしょうか。そんな当たり前のことをなぜ聞くのかと思われた方もいらっしゃるかもしれません。

ところが、このだれしもに当たり前と思われているような「雨が降れば傘をさす」ということが、松下幸之助さんにいわせれば、松下電器を短期間のうちに巨大企業に成長させた「経営のコツ」なのだそうです。雨が降れば傘をさす。そうすれば濡れずにすみます。これはごくごく普通、平凡なことであり、万人が知る常識です。その平凡なことを当たり前にやること、そこに商売の秘訣があるというのです。

「雨が降れば傘をさす」とは、別のいい方でいうと、天地自然の理法にかなうことだと松下さんはおっしゃいます。商売でいえば、「売ったものの代金をきちんと集金する」「売れない商品を無理に（たとえば仕入れ値を下回る価格で）売らない」「無理な借金をしない」など、だれが考えても当たり前の原則を、素直に守り、着実に実践していけば、もともと成功するようになっているということです。

私はこれを「理と利の統合」という言葉にいい表して、実践を心がけてきました。

私が多くの経営者やビジネスマンと接してきたなかで感じるのは、**仕事に行き詰まる、あるいは経営に苦労するのには理由がある、ということです。それは、松下幸之助さんの考え方とは逆の発想をしておられることが多い。すなわち、自然の理法に対して素直に従っておられないのです。**

事業というものは、人に働いてもらわなければ成り立ちません。ですから、経営者の役割は、人が気持ちよく働けるように条件を整えたり、環境を整備したりすることです。にもかかわらず、社員にはなるべく安い給料で働いてもらおうとする。あるいは、できるだけ休みを取らせず目いっぱい働かせようとする。こんな姿勢では、社員は経営者に対して不信感しか抱きません。

これは非常に下手な人の使い方なのです。「理と利の統合」ではなく、「利」のみを目的にすると、こういう事態に陥ります。

お客様に何かを売るときも同様です。商品とは、お客様のためになるもの、お客様に喜んでいただくためにあるものです。ところが、提供する商品の価値に対して、そこにかかる原価を抑えれば抑えるほど、売るほうの利益は大きくなります。そこで、「お客様のため」という原理原則を忘れて「利」のみを追い求めれば、お客様に喜んでもらうことよりも、原価率を下げることに一所懸命になります。こうしてお客様の信頼を損ね、結果的にお客様からの支持を失う事態になるのです。

手法⑨ 行き詰まるきっかけは自然の理法から離れてしまう（利に走らない）

❖「理」を貫いた先に「利」が得られる

企業に「利」がないと、成り立ってはいきません。ですが、「利」だけでは企業は立ち行かなくなります。なぜか。それは「理」が欠けているからです。

「理」とは、理想、理念、真理のことです。企業に「理」がなければ、その会社はけっして長続きしません。一時的に繁栄したとしても、長期的に見れば必ず衰退します。まずは会社の「理」をしっかりと打ち立てる。これなくして会社を起こすことはできませんし、継続的に成長させることは不可能なのです。

「利」は、「理」を貫いた先に安定的に得られるようになるものであり、その逆ではありません。

私は、つねに「目的」（理）から意思決定を行なうようにしています。けっして「目標」（利）からではありません。

その結果、「利」を失ったでしょうか。いいえ、むしろ逆です。**「利」を追い求めると、結局、商品の差別化ができず、他社との価格勝負になってきます。アチーブメントは「理」を貫くことを旨とし、商品の質を上げることに全力を尽くしてきました。**お客様に喜んでいただくこと、真にお客様の役に立つことを徹底的に追求し、当社の理念、理想についてもストレートにお伝えしてきました。

結果、お客様は当社のよき理解者となり、当社の最大の協力者になってくださったのです。現在、アチーブメントのお客様は、八七・五パーセントが紹介です。もちろん、いっさい報酬をともなわない善意での紹介です。**当社のビジネススタイルは、「Ｂ ｔｏ Ｂ」でも「Ｂ ｔｏ Ｃ」でもなく、「Ｂ ｔｏ Ｆ（Business to Fan）」になりました。**集客の多くは口コミ、採用活動も学生の口コミで広がっています。

当初からそれをねらっていたわけではありません。結果的に今の姿になった。それはやはり、当社の「理」、すなわち人を幸せにしたいという目的から事業を行なっていることが伝わり、それを評価し支持してくださる方が自然に増えたからだと考えています。

手法⑩ 「BtoB」でも「BtoC」でもなく、「BtoF（Business to Fan）」

3 商品を購入していただいたあとの責任

私のお客様大事の経営

❖お客様を絶対に裏切ってはいけない

人が育つ会社を考えるとき、自然に考えられるのは、社員がお客様とよく接し、お客様との関わりの中から育てられることではないでしょうか。まして私どもアチーブメントは人材教育、能力開発コンサルティングをしています。自分自身の、また自社の社員の成長を託されるので、半端ではない気合で臨んでこられます。その期待に応え続ける真摯《しんし》な姿勢が保たれているかどうかは切実な問題です。お客様大事を否定する経営者はいないでしょうが、実際にどこまでお客様大事を貫けるかは経営者の覚悟次第でしょう。

松下幸之助さんの視線は、いつもお客様に向けられています。自分の行なっている事業が、どれほどお客様に喜ばれているか、お客様の役に立っているかを絶えず見直し、検討してこられました。

仮に自分が店をたたんだ場合、**お客様から「ああ、残念だな。いい店だったのに閉店してしまうとは惜しいことだ」と思われるかどうか、それだけの商売をしているかどうか、つねに自問自答しておられたといいます。**だからこそ、「まだまだ配慮が足りない」「店や商品にもっと工夫をこらさなければ」と、日々改善や創意工夫を加えておられたのです。

そうすることで、一つでも多くの商品が売れるということもありますが、根本的な動機は、「お客様が喜んでくださるのがうれしい」ということだったようです。そして、商品を購入してくださる方だけでなく、仕入先も代理店も、株主や金融機関も含めたすべての関係先、もっといえば道行く人でさえ、もしかしたら自社の製品を使ってくださっているかもしれない、今はもっていなくても将来購入してくださるかもしれないと考え、すべての人をお客様ととらえていらっしゃったのでした。松下幸之助さんは、お客様大事という心を通して、人間大事の心をおもちであったことがわかります。

われわれの事業もお客様によって成り立っているのであり、とくにアチーブメントは人材教育という「人」を軸にした会社ですから、「お客様大事」「人間大事」は、その根幹中の根幹として大切に考えてきました。

　では、お客様大事とは、具体的にはどうすることなのでしょうか。どんな事業もシンプルに見てみると、それは一つの商行為であることがわかります。企業が商品やサービスを提供し、お客様はその対価としてお金を支払います。**お客様大事とは、「求められているもの以上の付加価値を提供する」ことだと私は考えています。**

　たとえば、お客様が一〇〇〇円の商品を購入してくださったとします。もし、「これは二〇〇〇円の価値がある」と思ってくださったなら、必ずリピーターになっていただけるでしょう。逆に、「五〇〇円の価値しかない」と思われたら、二度と購入してくださることはないでしょう。一〇〇〇円支払って五〇〇円の価値しか感じてもらえなかったら、これはお客様を裏切ったことになります。

私は、ビジネスにはそのような取り戻すことのできない瞬間があると考えてきました。これは非常にシビアな現実です。

　金額が大きかろうと小さかろうと、一つの取引が成立するたびに、お客様は毎回お金を支払ってくださいます。われわれは毎回毎回、そのご期待に応えていく必要があるのです。お金というものは、時間をかけて獲得した価値です。**時間とは生きた命を生きること**

ですから、お金とはいってみれば時間という命を削って得られるもの、まさに命が形を変えたものだと私は思います。

だから、ビジネスは真剣勝負なのです。お客様からお金をいただくということは、お客様の命をいただくことである。とすれば、こちらも命懸けで価値を提供しなければなりません。**お客様の期待を裏切ることは、お客様の命を奪うに等しい行為であり、逆にその会社はお客様に見放され、社会的な存在価値を失うことになるでしょう。**

企業が永続していくためには、お客様の期待に応え、お客様に支持され続ける必要がある。だから私は、お客様に対して絶対に甘えをもってはいけないと考えています。

たとえば、当社では採用のコンサルティングも行なっています。仮に、先方の希望採用人数が五名だったとして、五名採用に向けてコンサルティング契約を結び、契約金をいただいたとします。採用活動の結果、一名しか採用できなかったとしたら、どうでしょう。

普通のコンサルタント会社なら、採用人数にかかわらずいったん入金された契約金を返金することはまずないと思います。ところが、当社は返金するのです。「五名」という約束をしながら、それが果たせなかったのだから、お返しして当然と考えるのです。

目先のことだけを考えたら、返金しないほうが得です。しかし、目先の利益を得ることによって、お客様の信頼を失い、お得意先を一つ減らすことになるでしょう。

ビジネスの指標は売上でも利益でもなく、お客様の数だと私は考えています。顧客の創造と保持こそが、成功への道――そうとらえて、アチーブメントでは「お客様大事」の経営を実践してきました。

手法⑪　お客様に甘えてはならない。支持され続ける努力が不可欠

売ってからセールスははじまる

松下幸之助さんが、どれほどお客様のことを大事にされ、こまやかな配慮を尽くされたか、そのエピソードには事欠きません。だれに対しても分け隔てなく、姿が見えなくなるまでお見送りをされる姿や、座敷にお客様をお招きする際、座布団の並べ方まで細かくチェックされる姿は、実際に接した方々の心に深く刻み込まれたものでした。

一九七〇（昭和四十五）年に大阪で開催された日本万国博覧会では、こんなエピソードがあります。当時、松下電器は「松下館」というパビリオンを出展していました。聖徳太子ゆかりの奈良の中宮寺の伽藍《がらん》を模してつくられたという美しい建物は人気を呼び、期間中の来館者は七六〇万人に及んだそうです。連日、入館を待つ人びとの長蛇の列ができました。

こんなときにも松下さんは、並んで待つ人のことを考えられたのです。開館間もないころ、一般の入場者に交じって、ご自分でも列に並び、一体どれくらいの時間待たなければならないのか計られたといいます。こうして現場に立ったうえで、列の誘導方法の改善や、列の途中に野点《のだて》傘を置いて日陰をつくること、並んでいるお客様全員に紙の帽子を配ることを指示されました。

このときの松下さんは、七十五歳を超えておられました。どんな状況にあっても、また**ご自身がどんな立場であっても、つねに相手の視点に立ち、相手に対して心を配られます。これは、松下さんが生涯、一商人としての気持ちを忘れずにもち続けていらっしゃったことの証《あかし》ではないかと思います。**相手に対する思いやり、これが商売の基本なのでしょう。

私の場合は、セールスマンとしてスタートしていますから、松下さんの商いの精神には一〇〇パーセント共感しますし、やはりそこには相通じるものがあるように思います。「お客様大事」はどんな世界でも大切ですが、セールス・営業においてはダイレクトに結果に反映されるものです。私がトップセールスになれたのは、お客様を味方につけることができたからです。

通常、セールスの世界は「売ったら終わり」と考えられています。百科事典や英会話教材は、リピートで何度も買うような商品ではありませんから、売れてしまえばあとはどうでもいいというセールスマンが多いのです。

私はそういう発想はもちませんでした。むしろ「売ったところから本当のセールスがはじまる」と考えていました。「商品を買ってもらうこと」がセールスの目的ではなく、**「お客様の役に立つこと」「お客様に喜んでいただくこと」が目的だからです。**

セールスをきっかけにお客様とより親しくなることで、いろいろな話が展開したり、悩みや困りごとを伺ったりするようになります。そこで、お客様の役に立つような情報を提供したり、お困りごとを解決するような人を紹介したりすると、とても喜ばれます。こうして信頼関係が築かれていくと、先方からよいお客様を紹介されることも増えてくるのです。**「一回のセールスで一生の協力者をつくる」――これが私のモットーでした。**

ですから、けっして信頼を裏切らない。このことだけは強く決意していました。嘘をついたり、お金や時間の約束を守らなかったりすることは、絶対にないようにしてきました。また、相手が順境のときは嬉々としてつきあうくせに、いったん苦境に陥ったとなると手のひらを返したように冷淡になる人がいますが、私はそういうつきあい方も嫌いで、お世話になったのに後ろ足で砂をかけるようなまねは絶対にしたくない。相手が苦しんでいるときこそ離れずに、いつもと変わらぬおつきあいを続けました。その結果、さらに厚い信頼を寄せられるようになります。こうして長年関係が続いてきたお客様や友人のなかには、**私のことを「雨の日の友」と呼んで大事にしてくださる方もいます。**

これが、私が大切にしているセールスマンシップです。それは、「商品を売りたい」「売らなければならない」ということではなく、「目の前のお客様に喜んでいただきたい」という気持ちが出発点なのです。

手法⑫ 一回のセールスで一生の協力者をつくること

❖「心」で売るのがセールス

たとえば、教材販売の会社でありがちなのは、「教材」を売ろうとすることです。

毎朝、上司がハッパをかけます。

「今月あと○セット売ってこい」

「さっさとアポイントをとれ」

これでは「販売目標のための教材」になってしまいます。これでどうやって、「お客様のため」になるのでしょうか。

私がセールスのときに考えていたのは、「この教材にどれほどの価値があるのか」「どれだけお客様のメリットになるか」ということです。**商品を売る前に、セールス担当者自身が商品の価値をよく知り、その商品に惚れ込む必要があるのです。**

私は、セールスマネジャーになったときも、講師を呼んで商品の勉強会を開き、チームのメンバーに徹底的に商品知識を身につけさせました。売る人が、「上司にハッパをかけられて」「会社の命令で」「営業成績のために仕方なく」セールスに出かけていって、力強い営業活動ができる道理がありません。確かな商品知識がなければ、お客様から質問されても答えることができません。これはお客様に対して大変不誠実な態度です。

セールスとは、口八丁手八丁でうまく売り抜くことではありません。売る人自身が商品の価値をよく知り、商品に納得して売っている。この商品を売ることがお客様にとってメリットとなり、売ることに対する熱意が売る人自身の内側から湧き上がってくる。こういう状態になってこそ、セールスに本当の活力が生まれるのです。

「教材」を売るという姿勢だと、パッケージを開いたら出てくるテキストやCD、オーディオカセットを売っている、と考えがちです。が、じつはそうではありません。そこに書かれている、そこに録音されている中身、コンテンツを販売しているのです。

テキストの印刷やCDの録音にいくらかかっているとか、CDの枚数が何枚なのかといった問題ではありません。要はその中身、コンテンツが、どれだけ優れたものか、すばらしいものかによって、その商品の価値は決まるのです。そのすばらしさを売る人が実感すればするほど、商品に誇りを持ち、商品に信頼をおいて、自信をもって販売できるようになります。その商品がお客様のためになることを確信できるからです。

セールスとは、テクニックでも〝根性〟でもなく、「心」で売るものだということが、ご理解いただけるのではないでしょうか。

手法⑬　セールス担当者が商品の価値を熟知し、心から惚れこむほどにさせる

❖「商材」ではなく商品の「中身」を売る

先にもご紹介しましたように、アチーブメントの看板講座に、「頂点への道」という三日間の研修プログラムがあります。これは、目標を達成するための技術・ノウハウを獲得していただくことを目的としたセミナーです。

一般的に、セミナーは受講すればそれで終わりです。内容がどれだけすばらしくても、それを身につけるかどうかは、その後の受講者の努力次第です。日常の忙しさに戻れば、いつしかセミナーの感動も薄れ、学びを忘れがちになります。

「セミナー」という商品を売っているだけなら、売るほうとしてはそれでよいでしょう。

しかし、**私は「セミナー」というパッケージ商品を売っているつもりはないのです。セミナーの中身である「目標達成のための技術」を売っているのです。**達成のための技術を売るとは、「受講者全員が、セミナーで教える技術を身につけ、実生活で活用し、その成果を得ること」です。これが私の願いであり、ここまで実現してこそ、セミナーを開催した目的が達せられると考えています。

ですから、一回受講したら「ハイ、それで終わり」とはなりません。三年間で六回の再受講システムを用意し、目標達成の技術が受講者の身体のなかに習慣づけられるまでサポートしています。価格は、初回受講料一七万五〇〇〇円（税別）に対し、再受講は三万円（税別）です。

「三日間、同じコースを三万円なんて、見合わないでしょう」と同業の方から指摘されたこともあります。当然の指摘です。ただ私は、「合う、合わない」から短期的に判断するのではなく、「どうすればお客様に満足していただけるか」という視点から考え抜いたうえで、このシステムを構築しました。三日間の単発勝負で終わってしまえば、日常生活に戻ったときに達成技術の真価が発揮されずに途中で挫折するお客様も出るでしょう。すると、お客様にとっては高額の初回受講料を支払ったにもかかわらず、その成果を得られない結果となってしまいます。これはコンテンツの問題ではなく、「習慣化」の問題です。

ですから、三年間に六回という再受講をくり返すことで、お客様の身体のなかに目標達成の技術をしみこませ、確実にその成果を得ていただきたいのです。**こうして技術を体得し、その真価を肌で感じてくださったお客様は、生涯の顧客となり、当社の最高の協力者となってくださいます。**

「頂点への道」をはじめて二十五年、新規受講者は三万二〇〇〇人ちかくにのぼります。セミナーの品質に自信をもっていることはいうまでもありませんが、**その根底には「お客様大事」にもとづいた全社員の「心の営業力」があったからこそと考えています。**

手法⑭　商品を売って終わりではなく、お客様の目標が達成されるまで

❖未来のお客様への貢献

松下幸之助さんは、安易な値引きをけっしてお許しになりませんでした。価格は「お客様はいくらで買ってくださるか」にもとづいてシビアに決められ、それを実現するために社員が血のにじむような努力をしていたのをご存じだったからです。また、値引きを要求する相手だけに値段を下げていたら、同じ商品を購入してもお客様によって値段が異なることになり、信用を裏切ることになるからです。

この考え方に、私も大いに影響を受けました。当社でも商品を値引きすることは行なっていません。講師派遣の仕事などでは、お客様のほうから担当者に対して講師料などに関して価格交渉をされることがありますが、私は現場に値引きの権限を与えていないのです。担当者のレベルで値引きが行なわれると、価格の水準がバラバラになり、結局安いほうにそろえざるを得なくなります。

価格を崩さないためには、その根拠をしっかりともっておくことが大事です。この商品がなぜ、この値段なのか。それが詭弁《きべん》を弄《ろう》するとか、自社に都合のいいロジックで組み立てられているのではダメです。

値段は、商品を購入するお客様が得る利益に相当する以上の価値がなければならない。それを前提に、社員の幸福や生活の向上、新商品の開発、業務の改善、さらには国に対する納税資金など、事業を継続・発展させるためのすべてが含まれています。そこから算出された価格ですから、これを下げるということは、社員や未来のお客様や、国家・社会に対しての貢献を妨げることになり、事業の継続を難しくさせます。それは、結局はお客様にご迷惑をおかけすることになるのです。

短期的利益を優先して、長期的な繁栄を失うような意思決定は避けなければなりません。適正利潤を得られないところに、企業の存続はないのです。継続的に事業を営んでいくということは、長期的にお客様に貢献し利益を還元していくことになります。お客様からいただくお金は、一時的な預り金のようなものであり、お客様の満足向上のために、そして未来のお客様への貢献のために、さらなる投資に回されるのです。

手法⑮ 値段にこめられている価値を考え、目先の利益にとらわれてはならない

私の自主責任経営

4　組織のビジョンと個人の目標を一致させる

❖結果を出してこその責任

人が育つ会社というものは、社員がみずからの責任をよく理解し、必ずそれを全《まっと》うするものです。そうした会社になるためには、平素から社員に責任を委譲させておかなければなりません。では、簡単にそれができるかどうか。そこで、大事になるのが一人ひとりの社員がどのような意識をもって仕事に取り組んでいるかです。そこで、企業の盛衰は大きく左右されます。

松下幸之助さんは、会社に勤める一社員といえども、命じられた範囲だけの仕事をすればよしとするのではなく、社員という独立した事業を営む経営者であるという意識をもっ

て働くことが大事だとされました。そういう考えに立ってこそ、仕事への創意工夫が生まれ、真のやりがいを生むものだとおっしゃいます。

アチーブメントでも、一人ひとりの社員は、社長の私と同様にみずからの能力・才能を提供し、結果・成果に対して責任を負うという考え方でやってきています。依存と甘えのあるところに、組織の繁栄はありません。繁栄とは「実」の世界です。たとえ百万言を費やしたとしても、現実に繁栄がもたらされなければ、それは「虚」の世界にすぎません。

当社では「トレーナー」という資格を設けていますが、話がうまい、セミナーが上手にできる、という要件を満たしていれば、なれるわけではありません。五つの「実」の面で、一定の成果を出す必要があるのです。すなわち、**リクルーティング、トレーニング、マーケティング、マネージ＆モチベート、フィールド・トレーニング・オーダーです。**

この五つができないと、トレーナーやマネジャー等への昇進はできません。当社には「パーソナル力＝組織力」という合言葉があります。まずは、自分がいったことをやれるようになること。個人としての実力をつけた人間のみが、部下をもつリーダーになることができます。そして、部下をフォローして彼らが技術を身につけ、売上の拡大、業績の向上に結びついたときにはじめてリーダーとしての責任を果たせたことになります。

成果に結びつく仕事ができているかどうかに対しては、とてもシビアな判断をします。どんな立派な考え方をもっていても、それが信念となり、信念が行動を呼び起こし、行動が結果を生み出すというところにまで至らなければ絵に描いた餅です。アチーブメントは創業以来、一人でも多くの人に商品を普及することに、一人ひとりの社員が責任をもつという姿勢を貫いてきました。そして、結果を出した人だけが昇進し、上に上がれば上がるほど、より多くのチームメンバーが結果を出せるよう部下を成長させることに責任を負ってきました。

社員は必ず、私の三日間の研修を受講します。そこで**みずからが働く目的を確認し、外からや上からの命令によってではなく、自分の心から湧き上がってくる内発的動機によって目標に向かう姿勢を獲得します。**それによって、全社員が自分の目標を明確にもち、それに向かって最善を尽くす自主自立の精神を高めてきました。

社員のモチベーションが低い会社というのは、社員自身の働く目的があいまいで、明確な目標をもっていません。それを放置するから組織は低迷するのです。

企業が利潤を上げることはもちろん重要ですが、それは経営の目的ではなく、あくまでも結果です。一人ひとりが自分の仕事にやりがいを感じ、責任を感じて目標達成をめざしていくことが、個人の成長になり、企業の発展につながります。そのために私は、個人の自己実現と企業の発展が一致するようなしくみをつくってきました。松下さんの「自主責任経営」は、そのベースになる考え方だといってもいいでしょう。

手法⑯ 社員の内発的動機を高める教育をする

❖組織と個人の「WIN-WIN（ウィン・ウィン）」の関係

人間ひとりの力でできることには限界があります。個人でできないことを実現するために、組織がある。ですから、組織はまず理念を掲げ、それに共鳴・共感する個人を集めて動かしていくものだと私は考えています。

個人の力を組織の発展に最大に生かすためには、個人の自己実現と組織の発展の方向性がピタリと一致していることが大切です。

その土台となるのが「理念」です。企業・組織には、どんな存在理由があるのか。それを示すものが経営理念であり、経営方針です。一方個人にも、一人ひとりの存在理由や生きる目的があります。それは、その人の価値観、信念、人生哲学といったものに表されているでしょう。個人の力を集約して、組織に力強いパワーを生み出していくためには、まずこの土台たる理念の部分で、個人と組織がお互いに共感・一致していなければなりません。ですから、アチーブメントでは採用時に、時間をかけてくり返しその擦り合わせを行なうのです。

理念に基づいて構築されるのが「ビジョン」です。これは、理念から導き出された理想像ともいうべきものです。企業には企業の、個人には個人の、「こんな姿でありたい」という具体的な像が描けるはずです。

ビジョンを具現化するために必要なのが、「目標の設定」です。これは、ビジョンをさらに現実に落としこんだもので、「何を」「いつまでに」「どれだけ（いくら）」達成するのかというゴール（あるいは中間点）を明確にします。

目標が設定できたら、それを実行するために作成するのが「計画」です。企業・組織なら事業計画、個人ならキャリア計画や実務計画です。

自己実現と企業発展のピラミッド

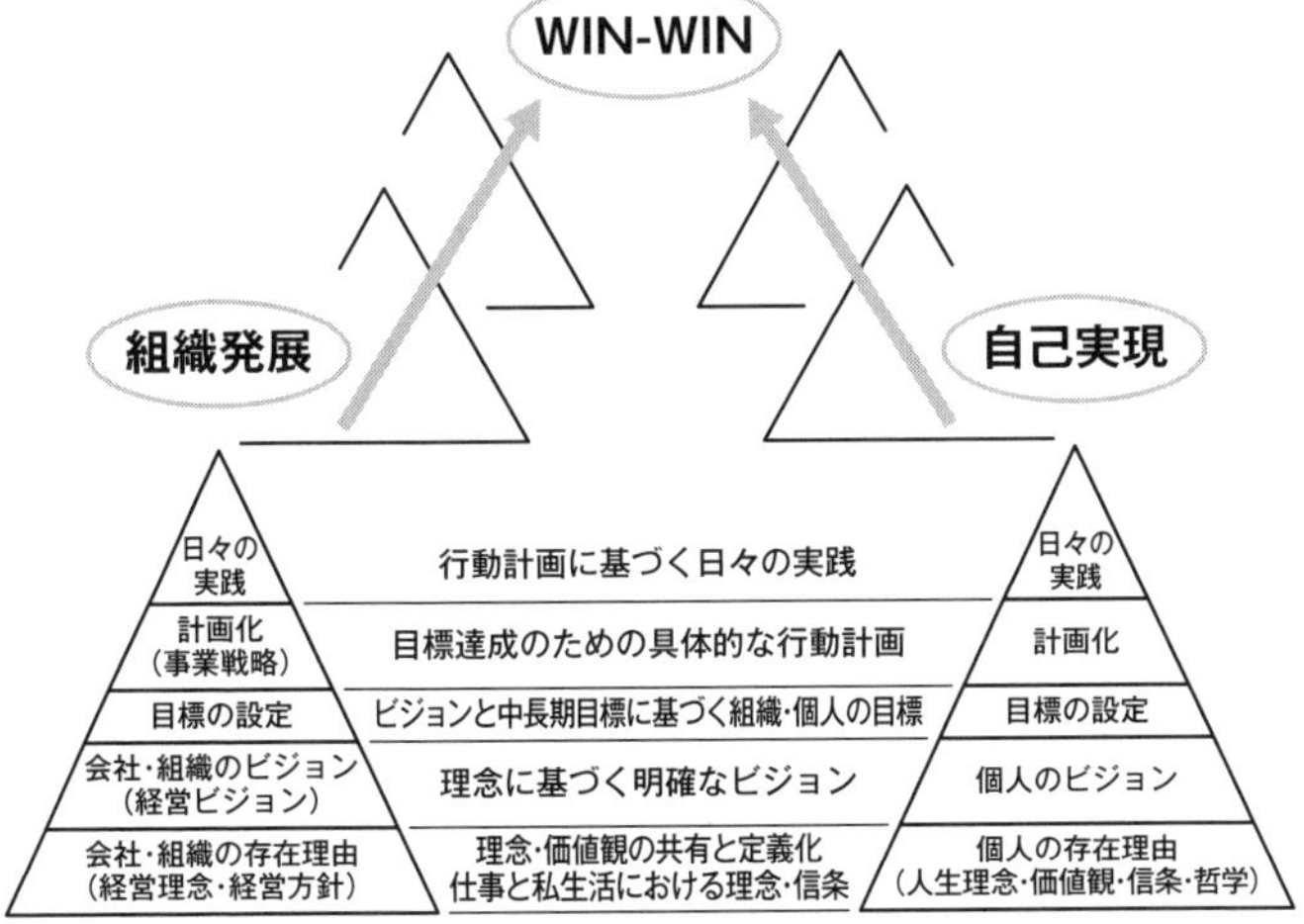

計画ができたら、あとは日々の実践ということになります。計画を実行するために、個人はそれぞれの日々の実務にあたり、組織はそれをマネジメントします。

こうして、**土台となる理念から、ビジョン、目標、計画、日々の実践まで、組織と個人のめざすものが一致していれば、組織は個人の自己実現を支援し、個人は組織の発展の原動力となるという、お互いに「WI-N-W-I-N」の関係が成立するのです。**人と組織がうまくかみ合って、価値が生み出され、よりよい循環で拡大していく。これが私の考える経営の姿です。

したがって、理念と日々の実践とがかけ離れているということはありえません。理念が、今日一日の現実の世界に具現化した姿として、日々の実践があるのです。理念は、ビジョンや目標、計画という姿を経て、最終的には日々の実践に落としこまれます。もっと突き詰めれば、理念は時間当たりの生産性をいかに高めるかに結実するのです。

これが「理と利の統合」の意味するところです。松下幸之助さんの言葉をお借りすれば、繁栄がなければ幸福も平和もない、ということではないでしょうか。

手法⑰ 組織として理念を示し、個人はその理念に共感して自己実現を達成する

❖上質の仕事は自主責任経営から

たとえば当社で、営業マンがお客様のところを訪問し、ひととおり話をしたうえで「今日急いで決めていただく必要はありません。気が向いたときに申し込んでいただければ結構です」といって帰ってきたとしたら、非常に低い評価をせざるを得ません。お客様に一

定の時間を割いていただくということは、お客様に命を削っていただくことに等しい。かつ、営業マンが売るべき商品とは、企画者、開発者、制作者が命を懸けてつくった汗と涙の結晶です。それをお客様に届けることをしないのは、営業マンとしての役割をまったく果たしていないということになるのです。

もし、この営業マンにまごころと責任感があるならば、営業の入り口の段階で「このお客様はこの商品を使いきれないだろうな」などの判断をし、早急に引き下がる必要があります。「お客様にとってよい」「お客様の問題解決に役に立つ」と判断するからこそ、プレゼンテーションを行なうわけですから、最後まできっちりと伝えきる。そのうえで、まだお客様に判断が下せないようであれば、何が妨げになっているのかを明らかにしたり、こちらで協力できることは何かを探ったりするなど、次の行動に展開していかなければなりません。

一人の営業マンが営業活動に行くということは、本人が時間をかけ、会社の資金を使い、お客様の時間もいただくわけです。これで何の結論も得られずに、たんにムダな時間を過ごしただけならば、事業としては大変非生産的であり、お客様に対してはとても不誠実な態度であり、本人にとっても貴重な人生の時間の浪費にしかすぎなかったことになります。

営業マンを例に述べましたが、これは営業マンだけでなく、アチーブメントの社員すべてが心得ておくべき仕事のスタンスです。ものづくりの部門ならつくることに対して、管理部門であれば管理することに対して、命を削って取り組むわけですから、真剣に取り組めば取り組むほど、よいものができるし、時間当たりの生産性は向上するのです。

ですから当社では、売ることに対しても、ものづくり・商品開発に対しても、マネジメントに対しても、大変厳しい尺度をもっているといえると思います。なぜなら、**お客様にも自分自身にも誠実で、会社にも社会にも貢献するためには、売る人はよく売ることで、つくる人はよいものをつくることで、管理する人は効果的・効率的な管理をすることでしか、目的を達成できないからです。**そこに言い訳や弁明の入る余地はいっさいありません。

これは、仕事を「やらされている」という意識では、とても長続きしないものです。個々の社員が自分自身の内面を見つめ、「人生の目的は何か」「現在の目標は何か」「そのために今日一日何を為すべきか」を自覚し、会社の方針、部門の目標に主体的にコミットすることがなければ不可能です。これが自主責任経営を実践するうえでの要だと思います。

第1章で述べたとおり、私は二十代のころ、ブリタニカのフルコミッションの世界で生きてきました。フルコミッションとは、自主責任経営そのものです。自主独立、自主責任経営は、私の身体にしみこんでいます。そうした経験からも、自主責任経営を追求していくことが、すべての社員のパフォーマンスを上げ、物心ともに幸せになるための道だと確信しています。

手法⑱ フルコミッションの感覚を組織に徹底させる

5 内的コントロールで働く社員に育てる

私の人材育成

❖「外的コントロール」が社員のパフォーマンスを低下させる

人が育つ会社をつくるには、当然のことながら人を育てるためにさまざまな工夫が必要です。今さらご紹介するまでもなく、「企業は人なり」です。私も、社員の成長こそが企業の成長であると考えています。そのために、経営者として最も必要なことが、人が成長するようなしくみづくりです。何もしなくても人が育つことはありません。けれどもやはり、工夫やしっかりした考え方があれば、人の育ち方はより有効になるはずです。

たとえば、水槽の中で泳いでいる魚が病気になったとします。そこで、この魚を水槽から取り出して治療を施し、元気になってからまた元の水槽に戻すとどうなるでしょう。もし、水槽の中の水質が悪ければ、魚はまた同じ病気になります。すなわち、水質を改善しなければ、いくら治療を施しても魚は元気に泳げないということです。

魚は社員、水槽は会社です。水質とは、企業文化・会社の風土です。魚が元気に泳ぎ回るように、**社員が元気に力を発揮するためには、社員が働きやすい企業文化をつくることが、経営者の役割として非常に大事になってくるのです。**そのようなよい職場風土、理想的な企業文化をつくるためには、どうすればよいのでしょうか。

その前に、どうして逆に、社員のストレスがいっぱいで不平不満をいつも抱えているような会社になってしまうのか、私が学んできたアメリカの心理学である「選択理論」にもとづいて考えてみたいと思います。

経営者や上司は、社員・部下に「働いてほしい」と思っています。そこで、自分の思うような動きをしなかったり、期待する成果が上がらないような場合、注意して行動を改めさせたり、実績を上げるよう叱咤激励したりします。もちろん、これは善意によってなされていることではあります。しかし、その前提にあるのは、「自分の関わりによって相手（社員）を変えることができる」、あるいは「自分の関わりによって社員は変わるべきだ」という信念です。

したがって、結果がよければほめる（その裏には「オレのいうとおりやったんだから当然だ」という思いがある）。結果が悪ければ責める（「どうしてオレのいうとおりやらないんだ」）。高度経済成長期やバブル期にはよく見られた光景ですが、このように外側の条件（経営者や上司の意向）によって人間（社員・部下）の行動をコントロールしようとすることを、選択理論では「外的コントロール」と呼びます。

選択理論の提唱者であるウィリアム・グラッサー博士は、**「人は内側から動機づけられて行動する」と述べています。すなわち、「すべての行動は本人の選択による」ものであり、「人は自分の行動しかコントロールできない」ということなのです。**

外的コントロールは、この人間の原理原則とは対極に位置するやり方です。経営者や上司は、賞（ほめる、褒美をやるなど）や罰（怒る、非難する、脅す、無視するなど）を使って社員・部下を自分の思いどおりにコントロールしようとします。すると社員・部下は、一見、経営者・上司のいうことを聞くように見えます。しかしそれは、賞に釣られて、あるいは罰を恐れてとっている行動であり、自分の本心から従っているわけではありません。本音と建前が乖離《かいり》している状態が続くと、ストレスは高まり、会社に対する不平・不満となって表れます。パフォーマンスは下落し、仕事の充実感を感じにくくなります。

どんな人でも、他人にコントロールされることを心地よく感じる人はいません。外的コントロールは職場の中だけでなく、あらゆる場面の人間関係を悪化させることはあっても、けっしてよくすることはないのです。

手法⑲　自分なりに、よるべき人間観（選択理論）に立って人材を考える

❖「内的コントロール」がよい職場風土をつくる

社員が働きやすい職場風土、社員が幸せになる企業文化を形成するには、この「外的コントロール」が支配する職場風土と決別する必要があります。そして、「内的コントロール」が生かされるような企業文化をつくっていくことが大切になります。

内的コントロールとは、外側の刺激ではなく、内側からの動機によって行動していくことです。社員が内的コントロールによって、みずからの動機にもとづいて行動を選択する

ようになれば、仕事に対するやりがいはおのずと高まり、パフォーマンスもアップします。**経営者・上司は、社員・部下の内的コントロールを促進するような関わり方に徹することで、よりよい職場風土・企業文化が醸成されていくのです。**

私は、この選択理論をアチーブメントで実施する研修の理論的拠り所として位置づけ、すべての商品を開発してきました。また、みずからがその範となるべく、社内において選択理論をベースにした組織運営、チームビルディングに努めてきました。

人を育てるには時間がかかります。また個人差もあります。「なぜわかってくれないのか」「どうしてうまくいかないのか」という思いが高じ、外的コントロールの気持ちが顔を出すこともあります。これはある意味、致し方ない面もあります。なぜなら、私たちはこれまで、学校や家庭、その他一般的な組織では外的コントロールという方法しか知らなかったからです。

外的コントロールという習慣から脱し、内的コントロールという新しい方法を習慣化するためには、何度もつまずきながら獲得していく必要があります。

人を育てるには忍耐が要ります。相手を受け容れ、相手の成長を信じ、みずから目標を設定しそれに向かって伸びていくまでじっと見守り、必要な支援をする覚悟が必要です。

相手が苦しみ、悩んでいるときは、寄り添うことも大事でしょう。ガミガミと説教したり、こちらの意に沿わせようと叱咤激励したりすることは、百害あって一利なしです。

その代わり、**折にふれ「あなたはほんとうは何を求めているのか」「何のためにこの会社に入ったのか」「自分の人生で何を実現したいのか」といった内発的動機を呼び起こし、それに気づくようなきっかけを与えるようにしています。**

毎年の方針発表会はもとより、三カ月に一度のキックオフ会議、毎週の全体会議などで社員にメッセージを伝えています。また、社員は申請すればいつでも私の講座を受講できることになっており、受講を通して対話の機会も設けています。

手法⑳　外的コントロールではなく、内発的動機を与えるしくみをつくる

❖「求める心」が人を成長させる

社員が増えてくるとつねに全社員面談というわけにもいかなくなるでしょう。私はその場合、「2：8の法則」にもとづいて、全体の二割の幹部・上司を対象に集中的にエネルギーを費やし、彼らの下に残り八割の社員をおいて、幹部・上司から伝えてもらうようにしています。ただし、ほんとうに悩んでいる社員が話をしたいといってきたときは、どんなに忙しくても必ず時間を割きます。

社員を受け容れ、社員を信頼し、社員の話をよく聞くことは、けっして社員を甘やかすことではありません。アチーブメントはビジネスとして成り立っている組織ですから、お客様あっての存在です。仕事に対して誠実でないということは、お客様に対して誠実でないということです。企業は世の中の必要を満たすために存在しているわけですから、まずそのことが中心に据えられていなければなりません。

崇高な理念、すばらしい目的をもつことはよいことですが、それが現実に対して力をもっていなければ、事業としては無意味なのです。崇高な理念、すばらしい目的をもつからこそ、それにふさわしい力をもたなければならない。社員がほんとうにみずからの目的に向かって歩みたいと思うなら、まずは各自が実力を身につける必要がある。そこからすべてははじまると私は考えているのです。

このことが肚《はら》に落ちた社員は、ほんとうの意味で内的コントロールによって仕事に取り組むようになり、急速に成長しはじめます。むしろこうなったら、**もはやその人の成長を止めることはだれにもできないといっても過言ではありません。**

世の中には、「もらえる給料の分だけ働く」「上からいわれた仕事だけやる」「会社に指示・命令された仕事だけやる」という働き方をする人もいます。しかし、いったん内的コントロールによる動機づけにもとづいた働き方をするようになると、もはや「給料の分だけ……」「上司にいわれたから……」というような働き方は不可能になります。**みずからの発意にもとづいて、みずからの目標・目的に向かって働くことが、いかに気持ちよく、自分を躍動させることになるのかを実感しているからです。**

そして、当社では、そのことを身体で熟知している人のみが昇進しますから、外的コントロールによって部下を追いつめるような上司は一人もいません。そういう部下指導がまったく効果がないことをよく知っているからです。

創業以来二十九年間、全社員に向けて、そして受講生の皆様に対して、選択理論をベースにした人の育成についてメッセージを発信し続けてきました。その結果思うことは、「求める心のない人には成長はない」ということです。逆にいうと、求める心さえあれば、人は成長するのです。だから、仲間として迎え入れる人材は、求める心のある人でなければなりません。そして、いったん迎え入れたなら、私は全力でその人の求める心をさらに育て、磨いていくようなしくみづくりや働きかけを行なっています。

手法㉑ 理念、ビジョン、目標が現実の社員の力に結びついているかを検証する

❖ものをつくる前に人をつくる

松下幸之助さんも、人一倍「求める心」が強い方だったのではないでしょうか。つねに経営理念の大切さを説いておられました。それは「何のためにこの事業を行なうのか」と

いう企業の社会的使命を示すものであるとともに、正しい経営理念をもつことによってこそ、人も技術も資金も真に生かされるという思いをおもちだったからです。

私は、松下幸之助さんほど、人間とは何かを考え、人を生かし育てるためにはどうすればよいかを、とことん突き詰めた経営者はいないと思います。

松下さんは、「松下電器は何をつくるところか、と尋ねられたら、松下電器は人をつくるところです。あわせて電気器具もつくっております、と答えなさい」と社員にいっておられたそうです。それは、「事業は人にあり」と考えておられたからでした。つまり「人として成長しない人をもってして事業は成功するものではない」というのです。それを事あるごとに社員に伝えていらっしゃったので、「製品もつくるが、それ以上に大事なのは人を成長させることだ」という意識が社員の間にも浸透していったといいます。

人の成長とは、単に仕事ができる、業務のスキルが高いということではありません。**何のためにこの会社はあるのか、何のためにこの事業を行なっているのかという仕事の意義と企業の社会的使命をよく理解し、自主的に、責任をもって仕事に臨む人間になるということです。**松下幸之助さんが実践されていた人材育成は、まさに「内的コントロール」による人の育成とピタリと一致するように私には思えるのです。

手法㉒ 最後は経営者の人材への思いが浸透度を決める

6 トリプル・ウィン志向をめざす

私の共存共栄の経営

❖共存共栄は「天地自然の理法」

人が育つ会社というものを、一般論として考えていますが、私はこんなイメージもあるにちがいないと思っています。それは、社会から尊敬される会社、すなわち、社員が誇りをもてる会社です。では、そんな社会から尊敬される会社とはどういった会社があるでしょう。最高の利益を上げている会社、それもありえるでしょうが、けっしてそうともいえません。

しかし、私はいわゆる社徳のある会社は間違いのない会社だと思います。では、社徳とはどんなところから出るかはさまざまな要素はあるでしょうが、私が思うにお客様大事は当然のこと、お得意様ほかステークホルダー、そして社会への感謝を知っている会社であることは間違いないように思うのです。

その理由は事業の根本を考えてみれば理解できるでしょう。そもそも私たちはなぜ会社という組織をつくって事業を行なうのでしょうか。それは、人間ひとりの力ではできないことを成し遂げようとするからです。いい換えれば、多くの人の力がなければ、事業は行なえないからです。

人間ひとりの力では生きていけないように、会社も自社だけの力で生きていくことはできません。お客様はもとより、仕入先、業務の委託先や提携先、金融機関、法律や税務といった専門家、行政、地域社会など、数え上げればきりのないほど多種多様な関係の中で企業活動は為されています。ともすれば当たり前になって忘れがちですが、**これらすべてに対して感謝の気持ちをもって経営にあたること、私たちは自分で生きているのではなく生かされているのだという視点をもつことは、とても大事だと考えています。**

松下幸之助さんは、このことを「共存共栄」という言葉でおっしゃっています。お互いに敵対することなく、共に生存し、共に栄えていこうという趣旨です。

この根底には、「企業は社会の公器である」という松下さんの考え方があります。企業には成長・発展していく使命がありますが、その事業活動によって単に自社のみが栄えればよいというのではなく、社会もまた栄えていくようなものでなければならないといいます。また、実際に自社だけが栄えるということは、一時的にはありえても、長期的には共存共栄の考え方にもとづかなければありえないともおっしゃっています。松下さんにとって共存共栄とは、「自然の理法」に則した姿であり、「自然も人間社会も、共存共栄が本来の姿」なのです。

手法㉓ 企業は社会の公器であるとの見解を示す

❖「トリプル・ウィン」の関係構築

企業活動を、相手との戦いだと見る人もいます。しかし、戦いには勝たねばならず、企業を存続させるためには、永遠に勝ち続けなければなりません。これは極めて困難な道です。

また、戦って勝つということは、相手が負けることを意味します。たとえば、営業を「お客様との勝負」ととらえると、強引に説得してでもお客様に契約を結ばせたほうが勝ちということになります。これでは、負けたお客様を不幸にすることにほかなりません。

あるいは、経営者と社員を敵対するものととらえると、相手を信頼できずにお互いの主張がぶつかり合います。たとえ社員を負かすことができても、それは結局経営へのダメージとなって返ってきますから、最終的には経営者が負けることになるのです。

私は、経営を勝ち負けで考えることはしません。お互いにとってよくなるような「WIN－WIN（ウィン・ウィン）」の関係、もっといえば、**お客様、社員、会社の三者が共にハッピーになる「トリプル・ウィン」の関係が構築できるような経営判断をいつも心がけてきました。**

先に述べたように、アチーブメントでは日曜日は休みで、公開講座も開催しません。社員にとって休日がきちんと確保できるかどうかは、その人の人生の質を高めるためにも重要な要素です。

アチーブメントでは現在、日曜日を含めて月に七日の休日があります。ほんとうはいち早く完全週休二日に移行したい。でも、休日を増やして業績を落としたのでは本末転倒です。業績を下げることなく休日を増やすためには、より高い生産性を生み出す必要があります。そのやり方をみんなで考えていこう、というスタンスで臨んでいます。

具体的には、全社の単月の売上目標達成、日報提出率九〇パーセント以上、勤怠情報の正しい登録率九〇パーセント以上など、八つの項目について三カ月連続で達成できたら週休二日にすると明示しています。そしてその先、将来的には月十日の休みを実現したいと思っています。

経済的合理性だけを考えたら、社員はできるだけ休ませずに働かせたほうが会社にとっては得になりますが、これでは社員との間に「WIN-WIN」の関係は結べません。

松下幸之助さんは、一九六五年に日本で最初に週休二日制を導入されました。アメリカの企業が週二日休んでいるにもかかわらず、高い給料を支払っている事実を目《ま》の当たりにしたからです。それは、一人当たりの生産性が高いからだと気づいた松下さんは、今後、日本の企業が世界水準になるためには、労働の「量」を増やすのではなく、「質」を高めることが必須だと考えられたのでした。こうして社員にとってメリットとなる週休二日制は、仕事へのモチベーションを高めると同時に効率化を実現するという、会社にとってのメリットにもなったのです。

手法㉔ お客様、社員、会社の三者がともにハッピーになる経営判断を志向する

❖「共創」の時代

松下さんは、松下電器だけが繁栄すればいいとも考えておられませんでした。競合相手も繁栄することでお互いに切磋琢磨し、業界全体、ひいては日本全体が繁栄することを願っておられました。

アチーブメントのような研修コンサルティング企業は、同業他社に対してクローズドのところが多いのですが、当社はオープンです。したがって、受講者に同業他社が多いというのが一つの特徴になっています。すべてのノウハウを開示して大丈夫なのか、と心配されることもありますが、時代はどんどん進化しているのです。**他社のまねをしているだけ**

ではとても時代に追いつくことはできません。つねに新しい価値を生みだし、進化を遂げていかなければ、生き残ることはできないのです。

私は、他社との競争に血道を上げるのはナンセンスだと考えています。そうではなく、モチベーション産業そのものをもっと活性化したい。成功を志す多くの方々に向けて、さまざまな成功哲学をよりわかりやすく、より伝わりやすくして世の中に打ち出し、もっと多くの方に成功への道、幸福への道を歩んでもらいたいという願いをもっています。

右肩上がりの成長時代なら、競争で争い合ってもお互いに成長できたでしょう。しかし、成熟時代にあって同じことをしたら、少ないパイの奪い合いになるだけで、お互いに傷つけあうことになります。

「『競争』から『共創』へ」という言葉が、時代のキーワードとしてよく登場します。これはまさに、松下幸之助さんのおっしゃる「共存共栄」だと思います。

手法㉕ 「競争」から「共創」による「共存共栄」へ

第3章

人が育つ会社の経営者像とは

経営者になれる人となれない人のちがいは何か。成功する経営者と成功しない経営者のちがいは何か。コンサルティングや研修をとおして多くの経営者と接してきた経験をもとに、人が育つような会社をつくれる経営者の条件とは何かをさぐります。これに関しても松下幸之助さんの考え方には大いに影響を受け、さまざまなことを教えられました。

1　事業観をもつ

❖等身大の自分で勝負する

人が育つほどの会社とは、必ず成功する会社にほかなりません。そんな経営者に必要な要素、求められる条件とは何か。成功する経営者と成功しない経営者は、何がちがうのか。

松下幸之助さんが、その第一に挙げていらっしゃるのが、**しっかりとした事業観をもつことです。つまり、自分がやろうとしている事業とはいったい何であるか、その事業をとおして何を実現しようとしているかについて、明確な方針、態度をもって臨んでいるかということです。**

私自身は、もともとセールスマンからキャリアを積んできたという背景があります。トップセールスからセールスマネジャーへ、そして能力開発のコンサルティング会社を経て独立し、アチーブメントを創業しました。

今でこそ、「頂点への道」という目標達成プログラムも当社の看板セミナーとして知られるようになりましたが、創業したときは三十二歳、社員数も五名です。会社としてはまだ何の実績もないのに、「人材を育て、業界の、日本の、世界の頂点をめざしましょう」とアピールしても、ほとんどの人は相手にしてくれません。最初はまったく売れずに、ほんとうに苦労しました。

そのとき、私はけっしてみずからを誇大に見せることはしませんでした。等身大の、自分で責任をもてる範囲の仕事を、誠実に、確実にお客様に届けていくという姿勢に徹しました。できないことを背伸びしてでもやろうとするのではなく、**自分の強みに焦点を当てることで、逆境を乗り越えようとしたのです。**この選択は正しかったと今でも考えています。

人は、ある日突然、成功するということはありません。それまでの毎日を着実に、誠実に積み上げてきたものが成長・熟成し、あるとき花となって開いたり、実を結んだりするのです。

条件①　自分の強みを育てながら、事業観をもつこと

❖経験の蓄積と普遍的な原理原則

私にはセールスの世界で積み重ねてきたものがありました。セールスマンとして、そしてマネジャーとして、トレーナーとしても経験を積み、実績を残してきました。また、世界的コンサルタントであるブライアン・トレーシーの販売理論を学び、日本でのチーフトレーナーの資格を取得し、「選択理論」というアメリカの心理学に出合い、「これこそ職場やセールスの現場、家庭などさまざまな場所で人間関係に悩み、不幸感を抱えて生きている人たちへの処方箋だ」と確信し、その体得と商品開発への応用に努めてきました。松下幸之助さんをはじめ、多くの経営者の本や自己啓発書を読んで、よいと思ったことは即、

実行に移してきました。

こうした活動をとおして、私は単に「成功哲学や成功のノウハウを知っている」ということではなく、**それらすべてに通底する原理原則をふまえ、その実践に徹したことがよかったのだと思っています。自分自身の経験と普遍的な原理原則、この二つを原動力にして、お客様に目標達成の技術を身につけてもらうこと、すなわち目標達成のスキルとノウハウを惜しみなく提供してきました。**お客様が受講して実際に効果を感じてくださったからこそ、三十代前半の〝若造〟が説く「頂点への道」が、その後二十五年間連続開催を続け、六四三回を数えるまでに成長できたのです。

私は、セールスの世界をとおして、人間は一人ひとり限りない可能性を秘めていることを知りました。そして、正しい認識と適切なアプローチによって、その内在する可能性を今よりもさらに引き出していけることを知りました。こうして私は、能力開発の世界に携わることになります。

同じ人が、その心次第でエネルギーが消沈してしまうこともあれば、俄然イキイキと活動するようになることもあるのです。能力開発は、人を生かし、人を幸せにする事業です。私は、今、五〇〇億円程度といわれている自己啓発・能力開発市場を、もっと大きくしたいという気持ちをもっています。それは、自社の繁栄、お客様の夢の実現のみならず、停滞する日本社会を活性化し、人びとの幸福に貢献すると信じているからです。

条件②　原理原則の実践とお客様への徹底した還元をはかる

2 使命感をもつ

❖何のためにレンガを積むのか

「三人のレンガ職人」の訓話をご存じの方も多いでしょう。こんな話です。

ある旅人が、三人の職人がレンガを積んでいる現場をとおりかかりました。

旅人は、一人目の職人に尋ねました。

「あなたは何をしているのですか」

一人目の職人は答えました。

「見りゃあ、わかるだろう。レンガを積んでいるんだよ」

旅人は、二人目の職人にも同じ質問をしました。

彼からは、こんな答えが返ってきました。

「私は建物の壁をつくっています」

旅人は、三人目の職人にも同じ質問をしました。

すると、この人からは次の答えが返ってきたのです。

「私は今、歴史に残る大聖堂をつくっているんです」


三人が行なっていたのは、同じ「レンガを積む」という仕事です。しかし、同じ仕事をするのにも、動機によってその様相がまったく異なってくることにお気づきでしょう。

仕事を「与えられた苦役」のようにとらえれば、ただ目の前にあるレンガを積んでいくことしか頭にありません。とにかく決められた時間内だけ命じられた作業をこなす。そこに喜びややりがいを見出すのは困難です。

仕事をするのは「お金を稼ぐため」「家族を養うため」というとらえ方もあります。レンガ積みによって建物の壁をつくる。その報酬としてお金を得ることができ、自分や家族の生活を成り立たせるという考え方です。

レンガを積むこと。建物の壁をつくること。そのもっと先を見て、その意味を問いかけていくと見えてくるのが「歴史に残る大聖堂をつくる」ことです。これが、仕事に対して使命感をもつということです。

使命感をもって仕事に取り組むのと、そうでないのとでは、仕事の質、精度、ていねいさに圧倒的な差が生まれます。上質で付加価値の高い仕事を成し遂げようと思うのなら、使命感をもつことは欠かせません。「三人のレンガ職人」の訓話は、使命感をもって仕事をすることの大切さを説いています。

条件③ 自分のなかに確かな使命感をもつ

❖選択理論を広め、人びとを幸せにするのが使命

しかしながら、使命感は他人が無理やりもたせることはできません。いくら上司が「歴

史に残る大聖堂をつくるんだ」と息巻いても、実際にレンガを積む作業者がその気持ちにならなければ、到底歴史に残るよい仕事にはなりません。歴史に残る大聖堂をつくるためには、上司による外的コントロールが必要なのではなく、作業者の心のなかに「歴史に残る大聖堂をつくる」という動機が生まれる必要があるのです。

多くの人が、外的コントロールという間違った心理学を使って人を動かそうとしてきたのが、これまでの世の中でした。外的コントロールの特徴は、「批判する」「責める」「文句をいう」「ガミガミいう」「脅す」「罰を与える」「目先の褒美で釣る」など、苦痛を与えることによって、あるいは一時的な快感を与えることによって、人を操作しようとすることです。

これは大変不幸な人間関係です。職場の人間関係でも家庭や学校の人間関係でも、外的コントロールのあるところには信頼関係が構築できず、お互いに一致協力して何かを成し遂げていこうという空気を生み出すことができません。

上司と部下が志を共有し、会社の成長を喜び合えるようになるためには、何が必要でしょうか。そのためには、まずは上司自身が外的コントロールをやめ、内発的動機にもとづいて仕事をするようになることが必要です。その姿を見て、部下も自身の内発的動機を見つめられるようになり、職場全体に使命感にもとづく仕事をやっていこうという空気が生まれるのです。選択理論は、人は外側の刺激によって動機づけられるのではなく、内側から動機づけられていると主張しています。

私は、事業とは使命を果たすことだと考えています。使命を果たすために、会社という組織はあるのです。アチーブメントであれば、選択理論にもとづいた人材教育コンサルティング事業によって、関わる人すべてを幸せにすることです。お客様、社員はもちろん、取引先、株主、そのほかすべての関係する人びとと調和しながら、お互いが幸せになり未来へ向かって発展・繁栄していく。それが、私が事業を営む目的です。私がこれまでアチーブメントを経営してこられたのも、この使命感がベースにあったからです。

条件④ 自分の使命につながる知識（スキル）をもつこと

3 カン（経営的識見）を養う

❖経営には〝カン〟が必要

「カンを頼りに会社経営をしている」というと、ずいぶんいいかげんな、心許ない印象を受けます。もちろん、会社経営をカンだけで行なっていたら、とてもではありませんが、まともな経営はできません。

では、経営はカンとは無縁であるのかといえば、そうともいえません。経営の本質とは意思決定です。**意思決定に際して、すべてが可視化された数字や条件、合理的・論理的な思考だけで正しい判断ができるのかというと、それもまたちがうと思います。**そこには、何か目に見えない要素、一般的には「カン」や「直感」と呼ばれるような、言葉では説明できないものを土台にして、意思決定がなされることはあるのです。

松下幸之助さんのエピソードにはカンを働かせておられる場面が多数ありますし、カンの大切さを説いてもおられます。「商売人はカンを養うことが大事」「カンというと非科学的に聞こえるけれども、これは修練に修練を重ねたところにはじめて生まれてくるもので、じつに的確なものだ」と述べておられます。

あるいは、骨董屋に骨董品がもちこまれたとき、主《あるじ》は品物をひと目見ただけで、本物か偽物かを見分ける力がなければならない。本物であったら、値段はいくらくらいするものであるか、それを見極める鑑定眼をもつ必要がある、という趣旨のことをおっしゃっています。これも、**長年の経験を積み重ねてきたところからくるカン、もしくは「経営的識見」といったものでしょう。**

本物か、偽物か。いくらの価値があるのか。今、打って出るべきときか、それとも退《ひ》くべきときか。この人は信用に足る人物か否か。ここに出店すべきかどうか——日々求められる判断に際して、カン、あるいは経営的識見なくして、到底経営者は務まらないと思います。

条件⑤ 経験に基づく識見を確かなものにすること

❖願望のど真ん中に経営があるか

では、このカンを磨くためにはどうすればよいのでしょうか。

どうやらカンは、磨こうと思って磨けるような類《たぐい》のものではないようです。つまり、「こうすればカンは磨かれる」というようなノウハウはないということです。

ただ、一ついえることは、どんな人でも生まれてきたときは無垢《むく》の赤ん坊であり、今の自分は、そこから生きてきた人生の歩みの積み重ねの姿であるということです。その間に味わった体験、出会った人、読んだ本、直面した課題や思いもよらぬ出来事に対してどう向き合ってきたのかといった、身体のなか、頭のなかに蓄積されてきたすべての情報がモノをいうのではないかと思います。

これは学校の勉強の出来不出来とは関係がありません。あえて言葉にすれば、**心のあり方のちがいというか、要するに自分の願望のど真ん中に経営をおいているかどうかが問われるのです。人は、自分が望んだとおりの人間になるものです。**ですから、願望のど真ん中に経営があれば、事業活動をとおして自分が考えたことが成就していくということになります。ですから、あらゆる意思決定の際に、おのずとカンが働くことになるのです。

逆にいえば、自分の真の願望が経営とは別のところにあったとすれば、いくら頭がよくても経営にカンを働かせることはできず、経営が成就することはない、ということです。

松下さんは、よく「熱意」を強調されます。熱意から道は拓ける、成功への第一歩は熱意である、という趣旨のことをよく述べられています。これは、どんなことでもただやみくもに努力しなさいということではありません。**自分の願望を明確にしなさい、そしてその真ん中にあるものに対して忠実でありなさい、ということではないかと思います。**

もっとも、経営の判断が独断専行になると弊害も生まれます。私も、最終的には自分自身で意思決定を行ないますが、そのプロセスにおいてはさまざまな人から意見を聞きます。カンが働いたとしても、それを鵜《う》呑《の》みにするのではなくて、ほかの人の意見も聞いてそれを参考にするようにしています。

その際、参考意見を聞いたうえで、もともとのカンを信じるのか、それとも意見を尊重して判断するのかは、どちらのほうが物事の原理原則に則しているかによって決めています。原理原則に則した意思決定ができれば、うまくいかないことはないと考えているからです。経営的識見を支えるのは、松下さんがいう「素直な心」、ものごとの実相を正しく見る能力だと思います。

条件⑥ 自分に忠実になって経営への素質を確かめる

4 先見性をもつ

❖ゴールを明確にする

経営者に先見性が求められることは、多くの方が指摘するところでしょう。ですが、だれにでも指摘できても、実際に先見性をもつことは口でいうほど容易なことではありません。

先見性とはセンス、もって生まれた才能の問題なのでしょうか。それとも、鍛えて身につける能力なのでしょうか。

私の考えるところ、先見性をもつためには、二つの大きな要素が関係しています。

一つ目は「明確なゴール」です。

自分は何を目的に事業を行なうのか。この事業を行なうことで、何を、どこまで、どのように達成したいのか。それらが明確になると、その事業に関するさまざまな情報が入ってくるようになります。情報への感度が高まるといってもよいでしょう。

たとえば、ある人が突然引っ越しをすることになり、A社という引っ越し業者に作業を頼んだとします。するとそれ以降、道路を走っていたり道路わきに停車しているA社のトラックが非常によく目につくようになります。A社のトラックの台数が急に増えたわけではありません。以前にも同じようにA社のトラックは走っていたのですが、その人が引っ越しに関心をもっていなかったので、目にはしていてもそれが意識に上ることはなかったのです。

たとえば趣味の会合で初めて出会った人が、B社という学習塾チェーンで働いていたとします。雑談の中で生徒募集の苦労やB社のライバル教室との競合の話を聞いたとします。すると、その日から街に出かけたらB社やそのライバル教室の看板や広告がやたらと目に入るようになるのです。

このように、人は自分とのかかわりが薄いと判断するものは、情報が入ってきてもそれを生かすことはできません。反対に、自分とかかわりができたもの、自分が強く関心を向けるものは、どんどんと向こうから情報が飛びこんでくるようになります。

経営のゴールが明確でないと、そこに向かうために有効な情報が入ってきません。だれよりもゴールを明確にし、だれよりもゴールに関心をもつことで、ほかの人が目にしても気づかない事象をとらえたり、多くの人が目にしていてもスルーしてしまうような情報をキャッチしたりして、経営に生かすことができます。このことを人は「先見性がある」と評するのです。

条件⑦ ゴールを明確にして情報への感度を上げる

❖幅広い人脈とネットワークをもつ

二つ目は「幅広いネットワークによる情報収集力」です。

「ゴールを明確にすること」が情報に対する感度をアップさせるのに対して、**二つ目のポ**

イントはみずからが動くことで積極的に情報を得る姿勢です。

すべての新聞に目を通すという経営者もいますし、自分の事業とは直接関係がない人たちとも交流を深めている方もいます。事業には国境がなくなってきていますから、国際情勢にも目を光らせておく必要があります。そうでないと、いつ、どこで、いかなる事情で自分の本業に影響を与えるかわからないからです。

第2章でも触れたように、鳥インフルエンザが流行すれば、もしかしたら集合研修が難しい事態に陥るかもしれない。そのときのための先手を今打っておく。あるいは、通勤途上でいつも目の片隅に入っていたあるチェーン店が閉店した。それは単にその店の努力が足りなくて経営不振に陥ったのかもしれないが、もしかしたら世の中の大きな消費トレンドを象徴しているのかもしれない。その要因を洞察して、必要なら対策を講じていく。

マクロからミクロを見る。またミクロからマクロに考えをめぐらせる。経営者には、その双方の視点が必要です。

やみくもに情報をたくさん得るだけでは、情報に振り回されるのがオチです。できるだけ情報を集めるに越したことはありませんが、**大事なことはそれをニュートラルに見ることだと思います。**

うまくいかない人に共通するのは、物事を独善的に見ていることです。自分の思いこみによって、人や世の中の事象を見ています。したがって、先を読もうとしても、誤った読み方しかできないのです。正しい先見性をもつためには、真理に対して誠実に、謙虚な姿勢でいることが大切です。

条件⑧ 真理に対して誠実で、謙虚な姿勢でいられること

5 決断力をもつ

❖正しい決断は正しい経営理念から

経営者に必要な条件として欠かすことのできないのが「決断力」です。経営の本質とは意思決定である、と先ほどの節でも述べました。決断と実行は、経営の中心といってもよいでしょう。

経営者は日々、大なり小なりの決断を迫られます。経営者の決断は、その会社の最終判断になります。したがって、決断の善し悪しは、会社の経営を直接左右するものです。万一誤った決断をすれば、会社の存立自体が危うくなりかねません。

そう考えると、重要な案件であればあるほど、どういう決断をするかに重圧がかかります。自分よりあとにはだれも責任をとってくれる人はいない。最終決断者としての経営者は、じつに孤独なものです。

そのときに、「これが正しい判断だ」と迷うことなく決断できる根拠は何でしょうか。松下幸之助さんは、経営者の条件をいくつか挙げておられますが、「何がいちばん大切かということになると、私は経営理念ではないかと思います」とおっしゃっています。そして、つねに「何が正しいか」に立脚すること、すなわち正しい経営理念をもち、つねにそれに照らして判断を下していくことが大切だと述べておられます。

経営理念がはっきりしていないと、判断の物差しは「儲かるか否か」「損か得か」ということになりがちです。損得勘定が不要だとはけっしていいませんが、それはあくまで短期的、表面的な要素です。重要な事柄であればあるほど、本質的、長期的、客観的な視点に立って決断を下さなければなりません。

その土台になるのが経営理念ですが、経営理念は立派な言葉が並んでいればよいのではありません。経営者が本気で願い、本気で求めているものは何かが明確であることが必要なのです。**松下さんによれば、「その人の人生観なり、人間観、世界観といった奥深いところに根ざしたもの」で、その人の血肉と化しているというほどでなくてはならない、と**

いうことです。

確固たる経営理念があれば、どんな事態に直面しても、迷うことなく物事を判断できるようになり、力強く経営を推進していくことができます。

条件⑨ 自分のすべてに通じた決断の拠り所としての経営理念をもつ

❖大型案件を断る

創業して十年目くらいのときのことです。当時のアチーブメントにとって、ひじょうに大きな案件がもちこまれたことがありました。

ある会社が、大量の営業要員を即戦力化してほしいということで、トレーナーを最低でも一〇名、できれば一五名派遣してほしいというのです。報酬は一日当たり一名につき数十万円。これを育成に必要な日数分、負担するといいます。

当社にとっては異例の大型契約でした。担当者は、今までにない成果を目の前にして興奮気味でした。受注すれば、会社全体に対して大きな貢献になります。バブル崩壊後、各社の教育費は抑制傾向にありましたから、金額だけ見れば願ってもない案件でした。

しかし、私は最終的には、この案件にゴーサインを出しませんでした。件《くだん》の会社は、日商一億円という規模で事業をしており、資金力はありました。ただ、よく調べてみると、その営業手法に問題点を指摘する声があることを知りました。業績はよい。法律的には違反しているとはいえないのかもしれない。しかし、法律に違反していなければ、どんな手段でビジネスをしてもいいのかといえば、私はそうは思わないのです。

ビジネスは人を幸せにするもの、世の中をよくするものでなければならない。これが私の信念です。人を不幸に陥れてでも儲けようとするビジネスは、たとえそれが法律に違反していなくても、許されることではない。

だから、私はその大型案件を、きっぱりと断りました。その判断は今でも間違っていなかったと確信しています。

条件⑩

自分の価値観に合わないものには同意しないこと

6 感謝の心をもつ

❖経営者である前に人間である

経営者に必要な条件として、事業観、使命感、カン（経営的識見）、先見性、決断力と見てきました。これに加えて、経営者にはやはり人間としての力、人格、徳といったものを兼ね備えている必要があると思います。

いくら才に長け、能力的に優れていても、人間的に問題のある人は経営者にふさわしくはありません。私の周辺を見回してみても、人を大切にできない人、私利私欲に走る人が経営をやると、例外なくその会社は傾いていきます。

私たちはだれでも経営者である前にひとりの人間です。ですから、経営者の条件うんぬ

んよりも前に、まず人間としてどうなのかをいつもみずからに問う姿勢が大事です。

人に対して誠実であること。まごころをこめて仕事をすること。求める心（志）があり、困難があってもそれを乗り越えて目的地に達しようという意欲とあきらめない心をもっていること。これらは、人間力の高い経営者の共通点です。私自身も、つねにこうありたいと願っています。

さらに、魅力的な経営者の方はだれでも「感謝の心」をおもちです。才能があっても、感謝の心のない人には、ほんとうの意味で人は集まってきません。事業がうまくいっているときはメリットを享受しようと近づいてくる人は多いかもしれませんが、いったん下り坂になると潮が引いていくようにだれもいなくなります。

感謝の心をもつ人は、少なくとも人間関係が切れることはありません。私は、たとえ会社の規模は大きくならなくとも、感謝の心をもち続けて人間関係を大事にする人のほうが、他人を踏み台にして会社を大きくした人よりもずっと尊敬できますし、前者のほうこそが人生の勝利者だと確信しています。

条件⑪ 感謝の心を第一に人生の勝利者になる

❖「恩返し」の経営

私の場合、子ども時代に家庭的な幸福に恵まれませんでした。十七歳で上京し、実社会で働くことになりました。これは私にとって大変幸運だったと思っています。

社会で働くことの厳しさは、もちろんありました。しかし、それは私にとって不幸でも何でもありませんでした。働けば働いた分だけのリターンがある。そして自分の努力と工夫次第で、可能性をいくらでも広げることができる。それまでのグレーの霧に包まれたような少年時代に比べれば、厳しくとも夢に向かって進んで行けるすばらしい世界でした。

ですから、出会う人、起こる出来事、すべてが感謝なのです。セールスやコンサルティングの仕事を経て、アチーブメントを創業したとき、私は縁ある人すべてに幸せになっていただきたいと念願しました。**縁ある人すべてを幸せにすることが、私の経営の目的だとはっきり認識しました。**それは私に出会ってくださった方々、私の考え方に賛同してくださる方々、私を支援し、応援してくださる方々、私と志を共にし、一緒に道を歩んでくださる皆様に対して、その御恩に報いたいという一心です。

企業経営は勝ち負けではありません。ライバル会社と、銀行と、取引先と、従業員と戦い、勝ち負けを争う経営者を時に見かけますが、私にはうまくいくとは思えません。つねに戦っていることほど心身が疲れることはありませんし、永遠に勝ち続けることは不可能なので、いつかは負けることになります。

私の考え方は、まったくの逆です。けっして戦わない。相手と対立するのではなく、共に手を携えるのです。すべてと協力し、共同して事業を行なおうというスタンスでいると、**自分の周囲は戦う相手ではなく、共に道を歩む同志になります。私を攻撃するどころか、私が窮地に陥ろうものなら、みんなで私を守ってくれるのです。**こうなると経営はとても楽ですし、けっして負けることはありません。

そのベースにあるのは感謝の心です。お客様、取引先、仕入先、金融機関……すべてアチーブメントにとってなくてはならない存在です。アチーブメントが事業を推進するうえで、必要不可欠なものを提供してくださっています。同業者はライバルではなく、共に自己啓発・能力開発市場を充実させ、人の幸せに貢献し、社会をよりよくしていく仲間です。そして、もちろん社員はアチーブメントの事業推進の主役です。アチーブメントの経営理念に心から賛同してくれる社員がいなければ、掲げた理念を実現することはできません。私は、これらすべての存在に心から感謝しています。

そして、もう一つ付け加えたいのが家族です。今、私が大変幸福な家庭生活を送れているのは家族のおかげです。こんなにすばらしい家族を与えられたことには感謝の言葉もないほどです。とくに、妻は私の恩人だと思っています。妻が私と結婚してくれなければ、この家族はなかったからです。ですから、私は絶対に妻と家族を幸せにしたい。プライベートなことではありますが、それが私の率直な事業のモチベーションになっています。

条件⑫ 人と競争するというスタンスをとらない

7　長期的視点でものごとを見る

❖好不況の波に振り回されない

松下幸之助さんの言葉に、「好況よし、不況なおよし」というものがあります。多くの人は不況を「よくないもの」ととらえがちですが、松下さんはちがいました。好況のときは黙っていてもものが売れていくから問題があっても浮かび上がってこないが、不況になると売るためにさまざまな改善・工夫の必要が出てくる。だから、不況のときは知恵を絞って課題を解決しようとするので、発展のチャンスなのだとおっしゃいます。そして、「松下電器は不況のたびに伸びてきた」というのです。

業績の低迷を不況のせいにしているようでは、経営者としての資格があるのか疑問に思

うところです。私自身は、自分が事業を進めるにあたって、好不況は考えたことがありません。

たとえば、ヨットのレースを考えてみてください。ヨットの公式戦は、通常一〇レース以上を行ない、その総合得点で順位が決定します。レースによって、波が高いときもあれば、よい風が吹かないときもあります。競技者には、そのときの海の状況を見て「どう対処するのか」が求められます。今日のこの風をどうとらえるのか、今の波の状態ならどんなふうにコース取りするのが最も速く走れるのか、それを各チームで競っているのです。そこにヨットセーリングの技術やチームワークがあるのであり、風や波といった、自分の力ではどうすることもできないことのせいにしてもはじまりません。

経営もこれとまったく同じことだと思います。景気、不景気と会社の業績は関係がないのです。現に、世の中がバブル景気に湧き上がっていたころ、アチーブメントは創業したばかりで、商品が売れずにとても苦労していました。その後バブルが崩壊し、みんなが「不景気だ」と嘆くようになった時期に、アチーブメントはどんどんと業績を伸ばしていきました。企業が採用を抑制し、「就職氷河期」と呼ばれて学生の就職が大変だという時代に、当社は新卒採用をはじめて、人を増やしていきました。それがいわば「人材のダム」となって、現在、当社の屋台骨を支えています。

景気がよくなったら人を増やそうと考えても、中小企業は大企業に太刀打ちできません。また苦しいからといって本来必要な採用をやめてしまえば、数年たったときにツケを支払わされることになります。**好不況に一喜一憂するのではなく、自分の経営の目的を見据え、それに向かって着実に歩んでいくことが大事です。**

同業他社の動向も、私はあまり気にしていません。他社がこう動いたから当社も動きを変える、というのではなく、自社が理想とする姿を実現するために、さまざまな改善や変革があるべきだと思うからです。

経営者には、世の中や他社の動きに振り回されないしっかりとした自分の軸をもつことが求められます。

条件⑬　自分は自分、他人は他人。自分の座標軸で考える

❖しくみをつくることが経営者の仕事

私は、事業のあらゆる責任はすべて自分にあると考えてこれまでやってきました。これは、フルコミッションのセールスマン時代から、私の身体のなかにしみこんでいる特性かもしれません。お客様に満足いただけなかったら、その報いは一〇〇パーセント、自分が被ることになります。したがって、お客様を絶対に裏切ってはいけない。お客様の期待には、一〇〇パーセント以上の品質で応えたい。そんな気持ちで仕事を続けてきました。

二十九年前にマンションの一室で、五人でアチーブメントをスタートしたとき、私は社員にも同じことを求めました。「約束は守る」「いったことは必ず実行する」「お客様の期待に応える」……いずれもビジネスでは当然のことではありますが、私はこれらのことに対して非常に厳格でした。私には、学歴も、豊富な資金も、有力な後ろ盾も、何もないのです。ならば仕事に対する姿勢で信用を築くしかないんだ、そんな切迫した気持ちがあったのかもしれません。**お客様からクレームがあろうものなら、私は担当者に対して烈火のごとく叱りつけました。業績を上げられない社員に対しては、厳しく責任を追及しまし**

た。

一人、また一人と会社を去っていきました。そこで人員を補充しますが、私の厳格さに耐えきれずに辞めていく社員はあとを絶ちませんでした。当時を知る社員の一人はこういいます。「あのころ社長を見ると、頭から角《つの》が見えましたね」。

創業前に「選択理論」に出合い、「ここに真実がある」と直感した私は、自分でも勉強している真っ只中でした。私が使っていた外的コントロールの手法は、社員の責任感を育てるのにまったく効果がないことを知りました。また、品質管理で有名なデミング博士の理論を学び、あらゆる問題はシステムの問題であることを知りました。つまり、**社員を叱咤激励して商品を売らせてくるのが経営者の仕事ではなく、売れないのなら売れるようなしくみをつくること、お客様に満足してもらえるようなシステムをつくることが経営なのだと自覚しました。**

しかし、身についた習慣はなかなか変わりません。私もたくさんの失敗を経験しながら学習を続け、習慣を変えていきました。徐々に社員にガミガミいうことはなくなり、売るためのしくみづくり、お客様に満足いただくためのシステムづくりに知恵を絞り、改善・改革を重ねて現在に至っています。

経営者は、自分の手でやるというのではなく、人に働いてもらって目的を成し遂げなければなりません。ですから、会社の業務を人が実行したくなるようにお膳立てする必要があるのです。具体的には、人事・労務から、営業、マーケティング、商品開発、財務・経理まで、それぞれの業務について、目標の作成と達成の手順を定めていきます。はじめから完璧なものはできなくとも、折にふれバージョンアップして、しくみを磨き上げていけばいいのです。

現在の当社では、私は方向性を示すだけで、中身については各部の責任者がそれぞれの現場の事情を踏まえて作成や改善をするようになっています。ただし、最終的な責任を負うのは経営者である私です。システムがスムーズに機能しているときは何もいいませんが、問題が生じたときや緊急の事態が発生したときは、いつでも先頭に立って解決を図っていく覚悟でいます。

条件⑭ 部下に責任を押しつけず、解決できるシステムをつくる

◈人の成長あってこその事業

数字を追いかけることが経営だと思いこんでいる経営者を見かけます。私にとって数字は、お客様の満足度を測るための一つのバロメータでしかありません。売上高は結果であって、けっして売上を追求はしていません。それよりも顧客数を増やすことを重視しています。それは、可能なかぎり多くのお客様に貢献しようという意図からです。

お客様が増えるということは、おのずと売上も伸びるということです。しかし、それは人が育たないとできないことなのです。ですから、まずはよい人材を採用して、彼らを育成する。そして、社員の成長度合いを見ながら、新たな営業所を出したり、新規の事業を立ち上げたりする。まず人の成長ありきであって、先に拡大計画があってその達成のために人を投入するという考え方はしていないのです。

かつて、ブリタニカにいたころに、カリスマ的なセールスマネジャーであった陣内友幸さんという方に、こう教えられました。

「炭鉱は奥に掘れば掘るほど落盤事故が起こる危険性が高まる。それを支えるのは杭だ。

会社でいえば、幹部がこの杭にあたる。幹部が育ってから、奥に掘り進むんだぞ」

私は陣内さんに経営のカン所を教えられたのです。いたずらに拡大をめざすのではなく、それを支える人材をしっかり育成すること。人づくりこそ、会社づくりであり組織づくりであることを学びました。

アチーブメントで行なっている研修もコンサルテーションも、すべては人づくりのためのものです。したがって、「速効性のある研修で社員の能力を高め、売上を拡大させたい」「すぐに人が集まる採用システムを導入したい」といった短絡的なニーズにはお応えしかねます。それは杭を打たずに炭鉱を掘り進むようなもので、たとえ一時的には成果を上げたとしても、いつ崩落するかわからないからです。

いつのまにか日本の企業には、人をコストとしてみる風潮が蔓延してしまいました。長期雇用をしなくなり、非正規社員を増やし、教育して人を育てようとする姿勢を失いました。近ごろの日本がおかしくなった最大の要因の一つが、企業が人を大切にする経営姿勢を失ったことではないかと思います。

人づくりは、短期決戦ではなく、長期的な視点で考えるべきことです。私は能力開発の仕事に携わってきて、人を育てるとは、適切な考え方・マインドを育てることが出発点だ

と考えています。正しいマインドをベースに、スキルやノウハウが積み上げられてこそ、その効果は正しく発揮されます。みずから考え、みずから行動し、みずから価値を生み出していく人材をどれだけ育てることができるか。これが企業にとって最大の課題であり、経営者の最大の任務なのだと私は考えています。

経営者として、こうした課題を認識すること、そこから努力していけば人が育つ会社はおのずとつくられていくと思うのです。

条件⑮ 地道に人を育てていくこと。すぐに育つと考えてはならない

エピローグ

幸之助さんが遺した「無形の資産」

❖真の豊かさは「無形の資産」から生まれる

いつから日本は人材をコストと見るようになったのでしょうか。経営を効率だけで測るようになったのでしょうか。

人をコストとみなし、経営の効率化を進めれば進めるほど、事業に人を割けなくなり、人の育成が蔑《ないがし》ろにされていきます。結果、商品やサービスの質が低下し、お客様が離れ、経営が厳しくなるという悪循環に陥っているように見えます。

企業が人づくりをしなくなったこと。これはすなわち、企業から人を大切にする経営姿勢が失われたことを示します。私は、これこそが今の日本企業の最大の問題点であると考えています。人を育てる努力なくして「人が育つ会社」ができるわけがありません。

「人を大切にする」——このことを経営の中心に据え、徹底的に掘り下げられた経営者が、松下幸之助さんでした。松下さんの考えは、単に一企業の経営の枠内にとどまりません。小は家庭から大は国家まで、あらゆる組織やコミュニティは、「人」によって構成されており、その組織やコミュニティの発展は、構成員たる一人ひとりがいかに責任ある存在として成長していけるかにかかっている、と考えておられました。日本は今こそ、松下幸之助さんの考え方に立ち戻ることが必要だと思います。

人は、「目に見えるもの」に注目しがちです。一代で数千億円の資産を築いたとか、従業員数二〇万人以上、売上規模数兆円の企業グループをつくったという「有形の資産」を遺したことが、幸之助さんの成功の証とされます。

しかし、松下幸之助さんのほんとうの偉大さは、その「考え方」にあります。何も特別なことをおっしゃっているわけではありません。きわめて当たり前のことを、だれにでもわかりやすい言葉でシンプルに表現されています。その当たり前で平易なことを、日々淡々と実践し、さまざまな困難に遭ってもやり抜くこと。それが成功への道だとおっしゃっているのです。

私はここに、すべての経営者のみならず、人生をよりよく生きたいと願うすべての人にとって、何ものにも代えがたい叡智があると思うのです。

どんなに立派な社屋や豪邸を建てても、いつかは解体されるときが来ます。大ヒットした電気製品も、精巧な精密機械も、いつかは使えなくなる日が来ます。**ところが、「考え方」は、それを身につける人がいるかぎり、いつまでも生き続けます。幸之助さんの「目**

に見える資産」を生み出したのは、その背後に「考え方」「理念」という「目に見えない資産」、すなわち「無形の資産」があったからにほかなりません。

❖私心なき「まごころ」が道をひらく

「教会」というと、皆さんは、十字架があって礼拝や説教が行なわれる建物が思い浮かぶと思いますが、キリスト教でいう「教会」とは、キリスト教を信仰する人びとの集まりのことを指します。目に見える「建物」ではなく、目に見えない「信仰心」が、教会の本質です。

「会社」も同様ではないでしょうか。会社とは、オフィスや工場のある建物のことではなく、会社案内に印刷された「会社概要」や「組織図」のことでもありません。会社とは、そこで働く人びとの「働く意志」や「働く姿勢」にその本質があると思います。

働く人の心は目には見えませんが、それこそが企業の価値を生み出す「無形の資産」です。松下幸之助さんは、まさに会社にとっての「無形の資産」を大切にしてこられたのでした。

さまざまな中小企業経営者と接していて残念に思うのは、「何か儲かることはないか」「どうやったらもっと儲かるようになるか」ということに目が向いている方が多いことです。つまり、皆様「どうやったら有形の資産を増やせるか」ばかりに懸命になっている。それは求める方向がちがうのではないか、と私は思います。

幸之助さんは、「物心両面の繁栄」ということをおっしゃいました。物が豊かになるためには、まず心が豊かになることが必要なのです。**幸之助さんが大事にされたのは、「どうすればお客様に喜ばれるか」でした。私心を超えて「お客様にお役に立てることは何か」を突き詰めることが商売の原点でした。言葉にすれば、それは「まごころ」「誠実さ」といった表現になるでしょう。**

私自身の原点であるセールスマン時代を振り返ってみても、私心なき「まごころ」の大切さは身にしみて感じます。自分の力だけでトップセールスマンになることは不可能です。どうしても他者の力を借りることが必要です。具体的には、お客様が有力なお客様をご紹介くださることです。他者の力を得るためには、奉仕の心が必要なのです。お客様に対して、私心を超えて貢献してこそ、お客様は協力者になってくださるのです。

今、日本の経営者が松下幸之助さんの考え方を学び、本気でそれを実践したら、会社経営も人生も、きっと好転するはずです。そうすれば「人が育つ会社」はたくさんできてくるにちがいありません。なぜなら、成功の法則、繁栄の原則は、いつの時代になっても変わらない普遍的なものだからです。

そして、幸之助さんの考え方を皆で分かち合い、それが全国に広まってゆけば、日本はもっと豊かで、住みやすく、人びとがイキイキと自分の能力を発揮し、幸せに生きられる社会になると思います。人が育つ国は必ず繁栄するものでしょうから。おひとりでも多くの読者の皆様がこのことに共感し、幸之助さんが遺してくださった「無形の資産」を自分のものとして、よい人生を歩まれますことを心から願っています。

編集協力――若林邦秀
ブックデザイン――印牧真和

〈著者略歴〉

青木仁志（あおき　さとし）

北海道函館市生まれ。1987年、32歳で選択理論心理学を基礎理論としたアチーブメント株式会社を設立。以来、延べ50万名の人財育成と9,000名を超える中小企業経営者教育に従事。自ら講師を務めた公開講座『頂点への道』講座スタンダードコースは28年間で毎月連続700回開催達成。現在は、経営者向け『頂点への道』講座アチーブメントテクノロジーコース特別講座を担当する。同社は、150ヶ国以上で実施される従業員意識調査・研究機関であるGreat Place To Work® Institute Japan主催の「働きがいのある会社」ランキングにて中規模部門第1位、10年連続ベストカンパニーに選出（2016-2025年版、従業員100-999人部門）。

2024年、志ある若者への経済的支援を目的に「一般財団法人 青木仁志啓育財団」を設立。同年9月、内閣府より公益認定を受け「公益財団法人 青木仁志啓育財団」として奨学金給付事業を運営。

2024年11月、「ナポレオン・ヒル財団」の特別顧問に就任。2025年、同財団のリーダーシップディベロップメント部門にて、アジア人初のゴールドメダリストとなる。

著書は、30万部のベストセラーとなった『一生折れない自信のつくり方』をはじめ累計68冊。

松下幸之助に学んだ
「人が育つ会社」のつくり方

2016年12月15日　第1版第1刷発行
2025年6月27日　第1版第3刷発行

著　者　青木仁志
発行者　永田貴之
発行所　株式会社ＰＨＰ研究所
東京本部　〒135-8137　江東区豊洲5-6-52
ビジネス・教養出版部　☎03-3520-9619（編集）
普及部　☎03-3520-9630（販売）
京都本部　〒601-8411　京都市南区西九条北ノ内町11
PHP INTERFACE　https://www.php.co.jp/
制作協力
組　版　株式会社PHPエディターズ・グループ
印刷所　株式会社精興社
製本所　東京美術紙工協業組合

ISBN978-4-569-83248-7